MINISTÈRE DES FINANCES.

DIRECTION GÉNÉRALE DES FORÊTS.

REBOISEMENT DES MONTAGNES.

RAPPORT AU MINISTRE DES FINANCES.

(21 MARS 1876.)

PARIS.

IMPRIMERIE NATIONALE.

1876.

MINISTÈRE DES FINANCES.

DIRECTION GÉNÉRALE DES FORÊTS.

REBOISEMENT DES MONTAGNES.

RAPPORT AU MINISTRE DES FINANCES.

(21 MARS 1876.)

PARIS.

IMPRIMERIE NATIONALE.

1876.

MINISTÈRE DES FINANCES.

DIRECTION GÉNÉRALE DES FORÊTS.

REBOISEMENT DES MONTAGNES.

RAPPORT AU MINISTRE DES FINANCES

(21 MARS 1876.)

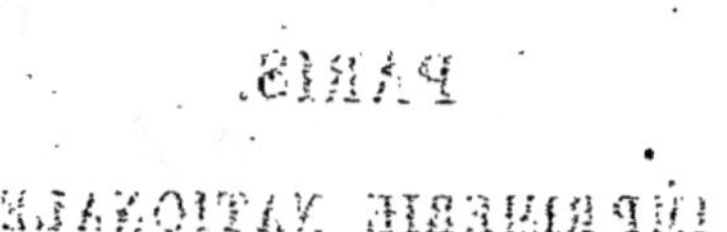

PARIS.

IMPRIMERIE NATIONALE.

1876.

Paris, le 21 mars 1876.

Monsieur le Ministre,

J'ai l'honneur de présenter à votre approbation, pour être soumis, s'il y a lieu, aux délibérations du Sénat et de la Chambre des députés, un projet de loi tendant à modifier plusieurs dispositions des lois du 28 juillet 1860 et du 8 juin 1864 sur le reboisement et le gazonnement des montagnes, et à fondre en une loi unique ces deux lois ainsi modifiées.

Au point de vue législatif, la matière est neuve : les lois de 1860 et de 1864 l'ont réglée en France pour la première fois. Elle a de plus un caractère spécial, technique ; enfin, c'est une matière difficile. Dans ces conditions, pour faire apprécier exactement la nature et la portée des mesures dont le projet de loi recommande l'adoption, j'ai cru nécessaire de remonter rapidement aux origines de la législation, de faire connaître dans quelles circonstances elle était intervenue, les pouvoirs qu'elle avait mis aux mains du service des forêts, les résultats qu'elle avait produits, les difficultés qu'elle avait rencontrées, les objections qu'elle soulève. Après cet examen, la justification des articles du projet de loi ne me paraît devoir comporter que de brèves explications.

CHAPITRE Ier.

SOCIÉTÉ D'AGRICULTURE DU PUY-DE-DÔME.

Le département du Puy-de-Dôme a une superficie de 372,730 hectares, dont plus de 195,000 étaient, vers 1840, à l'état de pacage, landes et bruyères. Les forêts qui, en 1790, couvraient encore 150,000 hectares étaient réduites à 70,000. Les biens de mainmorte, pour la plupart communaux, dépassaient 90,000 hectares, dont 3 à 4,000 seulement étaient en culture, 8,000 en bois, plus de 75,000 complétement incultes. Ces immenses friches, abandonnées à la jouissance commune, servaient de pâturage à une race chétive de bestiaux.

Cette situation avait frappé les esprits éclairés du département. Le conseil général émit, en 1839, le vœu de voir se former une société qui se proposât pour but d'encourager les progrès de l'agriculture dans le Puy-de-Dôme. Le préfet s'associa aux vues du conseil. Au mois d'avril 1840, une société était fondée sous le nom de Société d'agriculture du Puy-de-Dôme.

A peine créée, la société se propose un double but : améliorer les races de bétail, favoriser les progrès du reboisement. C'est dans cette seconde partie de sa tâche seulement que nous avons à la suivre. Dès le début, elle exerce à la fois une action morale et une action matérielle. D'une part, elle s'applique à instruire les populations, à calmer leurs défiances, à montrer les avantages des mesures proposées, à aplanir, par la haute influence de ses membres, les obstacles que rencontre toute innovation ; elle récompense, enfin, ceux qui ont le mieux suivi ses conseils, ceux qui ont le plus contribué au succès de l'œuvre.

D'autre part, elle réunit des ressources puisées en grande partie dans les cotisations de ses propres membres et auxquelles s'ajoutent les crédits alloués par le département et par l'État. Elle prend l'initiative des opérations, répartit les fonds qui lui sont alloués par le conseil général ou par le Trésor public, en contrôle l'emploi, vient en aide, par tous les moyens en son pouvoir, aux agents forestiers chargés de l'exécution des travaux.

Il n'est peut-être pas inutile d'entrer ici dans le détail de ses opérations pendant les premières années. Il serait à souhaiter qu'elle eût en France beaucoup d'imitateurs. Comme les premiers pas sont les plus difficiles, on a pensé qu'il serait profitable à ceux qui seraient tentés de l'imiter de connaître exactement la marche qu'elle avait suivie. D'ailleurs, le législateur a sanctionné son œuvre en adoptant pour les travaux, dits *facultatifs,* subventionnés par la loi de 1860, les procédés dont la société s'était servie. On ne peut mieux apprécier l'influence qu'elle a eue sur la législation qu'en procédant à l'examen de ses actes.

La société commence son œuvre en 1841 par une distribution de graines et de plants aux particuliers qui en font la demande. Elle crée à ses frais une pépinière dont les produits doivent être délivrés à prix coûtant aux particuliers s'occupant de reboisement.

Abordant plus résolûment le problème, elle cherche dès l'année suivante à provoquer et à assurer le reboisement des terrains communaux.

Elle décide, en conséquence, que les fonds dont elle pourra disposer pour le reboisement seront employés à aider les communes et sections de communes à créer des bois par semis ou par plantations. Les terrains à reboiser seront de préférence choisis en pente rapide. Ils seront soumis au régime forestier. Les communes seront invitées à préparer elles-mêmes le sol à recevoir les graines ou les plants.

S'associant à ces vues, le conseil général vote en 1842 un crédit de 4,900 francs, dont moitié à affecter au reboisement. Par les soins réunis de la société et des agents forestiers, les travaux commencent sur le territoire des communes de Royat et d'Ambert.

Dès l'année suivante, le conseil général porte sa subvention à 10,000 francs. Sur cette somme, 6,700 francs sont répartis sur les divers points du département et affectés à reboiser des terrains communaux soumis au régime forestier, à Royat et à Nohanent, dans l'arrondissement de Clermont; à Châtelguyon, dans celui de Riom; à Ambert, dans l'arrondissement de ce nom; à Besse, dans l'arrondissement d'Issoire.

La société constate bientôt que les travaux produisent de très-bons effets. Plusieurs communes ont offert d'exécuter elles-mêmes le reboisement, si la société leur donnait les graines nécessaires. Celles de Veyres et de Martres-de-Veyres demandent des plants pour repeupler des étendues relativement considérables, s'engageant si on les leur accorde, à préparer le sol et à exécuter la plantation à leurs frais.

La société vient en aide à l'Administration des forêts, pour obtenir la soumission au régime forestier des terrains communaux qui se trouvent dans les conditions de l'article 90 du Code forestier, et pour faire cesser les résistances qu'opposent à cette mesure quelques municipalités mal éclairées sur leurs intérêts.

En 1845, le rapporteur de la société fait connaître au conseil général que le prix des travaux s'est abaissé de 120 à 50 francs, grâce au concours prêté par les communes qui avaient résisté au début et qui, maintenant, fournissent presque toute la main-d'œuvre. Quelques-unes ont alloué des fonds, d'autres des prestations en nature. Châtelguyon s'est distingué entre toutes, en faisant soumettre au régime forestier la totalité de ses communaux, en votant le salaire d'un garde, en effectuant 48 hectares de reboisement.

A cette époque, et depuis le début des opérations, 1,700 hectares

— 4 —

appartenant à vingt-deux communes avaient été soumis au régime forestier en vue du reboisement.

Plus lent dans les arrondissements d'Ambert, d'Issoire et de Thiers, le mouvement est franchement accusé dans ceux de Clermont et de Riom, où se trouvent le plus grand nombre de ces terrains incultes et le moins de bois.

Mais, sous le coup des événements de 1848, des tendances hostiles à l'œuvre se réveillent parmi les populations. On dit que le bénéfice du reboisement appartiendra surtout à l'avenir et qu'il s'achète au prix d'une réduction de jouissance dans le présent. On craint que l'Administration ne vienne à s'emparer définitivement des terrains repeuplés lorsqu'ils donneront des produits. Ces craintes excitent dans les communes beaucoup de défiance et les portent à se soustraire à l'action du service forestier.

Certaines ont voulu renvoyer les gardes et menacé de détruire les semis et les plantations. L'énergie déployée par les agents, le concours dévoué qu'ils trouvent chez les diverses autorités, l'action individuelle des membres de la société répriment les désordres. Mais l'obstacle se représente sous une autre forme. Certains habitants cherchent à partager les communaux en les revendiquant à titre de propriétaires *ut singuli*.

Toutefois, une circonstance heureuse ramène les populations. Moins de dix ans après le commencement des travaux, des délivrances de produits accessoires, provenant de nettoiements et d'éclaircies dans les terrains reboisés, prouvent aux habitants que l'Administration n'entend pas s'emparer des produits, et que les reboisements procurent des résultats et des bénéfices, non-seulement dans l'avenir, mais aussi aux générations actuelles. Par suite, les travaux reprennent leur marche ascensionnelle.

Dans le remarquable rapport que le docteur Nivert présente à la société en 1854, on voit qu'elle a reboisé à cette époque 1,127 hectares sur le territoire de trente communes et pour la somme de 82,480 francs, soit au prix moyen de 73 francs l'hectare. A cette époque, les communaux qui, à l'état de pacage, n'étaient estimés que 100 francs, prennent, dès qu'ils sont repeuplés, une valeur double, soit 200 francs.

Au moment où paraît la loi du 28 juillet 1860, la société a reboisé 2,105 hectares au prix de 127,780 francs, soit 60 francs l'hectare.

Au 1er janvier 1875, le nombre d'hectares reboisés dans le Puy-de-Dôme est de 9,883, dont 8,820 sur les terrains communaux et 1,063 sur les terrains particuliers.

A quoi sont dus ces succès considérables?

A l'initiative intelligente et dévouée prise par les plus hautes personnalités du département, à l'influence légitime de la société d'agriculture, à sa persévérance éclairée, à son action sur les communes et sur les populations, à la constante union qui a régné entre elle et les agents du service forestier, dont l'un, M. l'inspecteur Leclerc, a été, au début de l'œuvre, l'âme de l'entreprise.

Et ce qui prouve mieux que les paroles l'influence qu'a eue la société, c'est le tableau ci-dessous.

La conservation de Moulins contient trois départements:

Allier,

Creuse,

Puy-de-Dôme.

Les terrains reboisés ou à reboiser s'y répartissent de la manière suivante :

DÉPARTEMENTS.	TERRAINS REBOISÉS DEPUIS 1840.			TERRAINS À REBOISER.		
	Communaux.	Particuliers.	Total.	Communaux.	Particuliers.	Total.
Allier...............	39	357	396	694	2,443	3,137
Creuse..............	513	364	877	14,487	9,636	24,123
Puy-de-Dôme..........	8,820	1,063	9,883	21,180	13,937	35,117
TOTAL............	9,372	1,784	11,156	36,361	26,016	62,377

Le Puy-de-Dôme est vingt fois plus avancé, pour les reboisements en terrains communaux, que ses deux voisins; beaucoup plus de moitié qu'eux pour les reboisements sur terrains particuliers. L'Allier n'a fait que le dixième de l'œuvre qui lui reste à accomplir, la Creuse moins d'un vingtième, le Puy-de-Dôme plus du quart.

Partout peut se rencontrer comme à Clermont une société d'hommes dévoués. Dans tout le plateau central les conditions dans lesquelles se présente l'œuvre sont identiques : nature du sol, climat, régime agricole, propriété communale, dispositions des habitants. Partout cette société rencontrerait le concours des agents forestiers, l'appui du conseil général, les subventions de l'État, la faveur de l'opinion publique.

Quand la conservation de Moulins aura achevé son œuvre, quand les travaux seront faits sur les 62,000 hectares qui restent à reboiser, dans les conditions de prix actuelles, il aura été dépensé 7 millions environ, pour près de 74,000 hectares (73,933) savoir :

Reboisés au 1er janvier 1875	11,556 hect.
A reboiser	62,377
TOTAL ÉGAL	73,933

Ces 73,933 hectares valaient en moyenne, avant les travaux, 100 fr. l'hectare ; ils ne peuvent être évalués, après vingt-cinq ans, à moins de 1,000 francs l'hectare.

N'y a-t-il pas là de quoi tenter les ambitions les plus généreuses ? On ne s'étonnera pas alors que le législateur de 1860 se soit borné à reproduire dans les trois premiers articles de la loi du 28 juillet 1860 les procédés qui avaient si bien réussi au Puy-de-Dôme, et que, ces dispositions n'ayant depuis donné lieu à aucune difficulté, nous proposions aujourd'hui, non-seulement de les maintenir, mais de les développer, en ce qui concerne le regazonnement, comme il sera dit à l'article 2 du projet.

CHAPITRE II.

L'ÉTUDE SUR LES TORRENTS DES HAUTES-ALPES.

Dans un livre imprimé en 1841 par ordre du Ministre des travaux publics [1], couronné par l'Institut et devenu classique en matière de reboisement, un ingénieur des ponts et chaussées, savant, homme de bien, patriote, M. Alexandre Surell, trace des ravages causés par les torrents dans les montagnes des Alpes une peinture énergique.

---

[1] M. Dufaure.

« Lorsqu'on suit, dit-il, la route qui mène de Gap à Embrun, plus du
« quart du trajet se fait sur le lit même des torrents. On les aperçoit dis-
« séminés sur tout le pays, inondant toutes les vallées, sillonnant tous
« les revers : de là cet air de désolation particulier à la contrée.

« Une telle multitude de torrents est pour ce département *le plus*
« *funeste des fléaux*. Attachés comme une lèpre au sol de ses montagnes,
« ils en rongent les flancs et les dégorgent dans les plaines sous forme
« de débris. C'est ainsi qu'ils ont créé, par une longue suite d'entasse-
« ments, ces lits monstrueux qui s'accroissent toujours et menacent de
« tout envahir. Ils vouent à la stérilité tout le sol qu'ils tiennent enseveli
« sous leurs dépôts. Ils engloutissent chaque année quelque propriété
« nouvelle. Ils interceptent les communications et empêchent d'établir un
« bon système de routes.

« Ils ravagent un pays très-pauvre, sans industrie, où les terres culti-
« vables sont rares... Les habitants n'arrivent à se créer un champ qu'a-
« près des prodiges de fatigues et de persévérance. Puis le torrent sur-
« vient qui leur arrache en une heure le fruit de dix années de sueurs.

« Il y en a qui sont à la veille d'engloutir des villages entiers... chaque
« année le torrent gagne du terrain.

« La calamité pèse sur tout le département des Hautes-Alpes, une
« grande partie des Basses-Alpes; d'une manière terrible sur la vallée de
« Barcelonnette notamment. On les retrouve dans les régions de la
« Drôme et de l'Isère qui avoisinent les Hautes-Alpes. »

Quatre causes contribuent à la formation des torrents : le climat et le
sol, causes naturelles; le déboisement et l'abus de la dépaissance, fait de
l'homme.

Étant très-élevées, les Alpes pénètrent très-avant dans la région des
longues neiges. Elle les reçoivent sur une plus grande superficie, elles
les conservent plus longtemps et par cela même en amoncellent davantage. Au retour du printemps, le soleil, à raison de la latitude, prend de
suite une grande force. Souvent surviennent du sud des vents brûlants
qui hâtent encore l'effet de l'insolation. Il en résulte que la fonte des
neiges, au lieu de s'opérer peu à peu, se fait tout d'un coup. En deux
jours toute la crue est écoulée et la débâcle est terminée.

D'autre part, les pluies sont rares, mais très-épaisses. On passe des mois, des années, presque sans recevoir de pluie; puis tout d'un coup les nuages surviennent, s'amassent en masses énormes et fondent en ces torrents qui entraînent tout.

Ainsi donc, première cause naturelle, des phénomènes météorologiques, fontes de neige et orages d'une exceptionnelle intensité.

Le sol.

Seconde cause naturelle, la nature géologique du sol, calcaires de l'infralias, grès vert et mollasse.

Tous ces terrains, relevés sur des inclinaisons très-fortes, forment généralement des masses peu solides, facilement altérables sous l'action des agents atmosphériques, se délitent à la gelée, s'effritent au soleil, fondent en boue au contact de l'eau.

C'est surtout dans le calcaire ardoisé qu'on rencontre au plus haut degré cette incohésion, cette inconsistance, ces innombrables ravins aux berges arides et bleuâtres, caractéristiques des montagnes d'Embrun. Quand on essaye de gravir ces berges, on y enfonce dans les détritus du sol jusqu'aux genoux, et pourtant ce sol est délayé par les orages et la roche mise à nu plusieurs fois par année.

Le fait de l'homme.

Fontes de neige subites et exceptionnellement abondantes, violents orages, sol meuble, inconsistant, tout cela ne serait rien si le terrain restait protégé contre les météores et contre sa propre inconsistance par l'armature végétale, pelouses et forêts, dont la nature l'avait pourvu. Mais l'homme a appauvri, restreint, déchiré, détruit sans prévoyance et sans trêve cette protection naturelle. Là est le danger actuel, immense.

M. Surell établit, en effet, péremptoirement, que si les montagnes des Alpes étaient abandonnées *nues* aux actions extérieures, elles seraient bientôt réduites à un squelette rocheux et n'offriraient plus à l'homme que des masses incultes et inhabitables.

C'est l'homme qui a déboisé et qui a abusé du pâturage.

On a déboisé à ce point, que dans certaines localités, il faut treize heures de fatigue pour rapporter à dos de mulet, à travers d'affreux précipices, une charge de bois [1].

On a déboisé à ce point qu'à la Grave (Isère), les habitants sont réduits,

____

[1] A Saint-Étienne-en-Devoluy.

pour se chauffer, à brûler de la bouse de vache préalablement pétrie en galette et durcie au soleil.

La disette de combustible y est telle, que chaque famille est forcée de cuire en une seule fois la provision de pain de toute l'année.

On avait déboisé surtout à partir de la Révolution. L'ordonnance de 1669 cessant d'être en vigueur, le défrichement des terrains en pente cessa d'être interdit. On défricha pour cultiver. Le résultat punit bientôt les auteurs de cette spéculation; les champs cultivés devinrent rapidement de maigres pâtis, des arides, le désert.

Le bois étant plus abondant que les besoins du moment, sans valeur en dehors de ces besoins, on demanda, on obtint le pâturage dans tous les bois communaux. On l'y exerça sans merci. La dent du mouton acheva l'œuvre en détruisant ceux des bois que la hache avait épargnés. La ruine des forêts a été suivie de celle des pâturages, c'est-à-dire de la plus grande partie des montagnes. En effet, les montagnes appartiennent aux communes et les communaux sont livrés au pâturage. On l'y exerce, à de bien rares exceptions près, sans mesure ni règle. On n'y envoie pas les moutons qu'ils peuvent raisonnablement porter, on y jette tout le bétail qu'on a, qu'on peut produire.

A lui seul, ce pâturage sans limitation eût suffi pour ruiner les terrains sur lesquels il s'exerçait. Dans ces climats chauds, en effet, sur ces terrains secs, là où il n'y a pas d'eau, le gazon, une fois attaqué, se refait difficilement. Mais à cette cause de ruine est venue s'ajouter une cause plus destructive.

Les communes afferment leurs montagnes aux bergers de Provence, qui y conduisent chaque année des troupeaux innombrables, lesquels viennent s'ajouter encore aux troupeaux du pays.

« Lâchés en si grande abondance sur de maigres terrains, ces bestiaux « les épuisent, en rongent l'herbe jusque dans ses racines. Par leur « piétinement ils durcissent le sol et écrasent les plantes naissantes. Ils « rendent le reboisement impossible, le gazon même finit par disparaître. »

Ainsi, destruction des bois et des pâturages, de l'armature végétale qui seule protège le sol contre sa propre inconsistance, contre la violence de fontes de neige et d'orages exceptionnels, voilà l'état des Hautes-Alpes; les dangers qu'elles courent, dangers d'autant plus redoutables qu'il est plus difficile d'obtenir des gens du pays qu'ils renoncent à cette location de leurs montagnes, d'où ils tirent sans fatigue ni sacrifices un revenu assuré !

A tant de maux quels remèdes ?

La végétation est le meilleur des moyens de défense à opposer aux torrents. L'art consiste à imiter la nature et à s'emparer de ses procédés.

En ce qui concerne les pâturages, la mise en défends a parfois suffi à les rétablir.

Or, comme beaucoup de terrains résisteraient, s'ils étaient revêtus de prairies, il y a intérêt public, utilité publique, nécessité publique, tout au moins, à arrêter par la mise en défends le progrès du mal. Donc la première mesure et la plus utile à prendre serait, d'après M. Surell, d'investir l'Administration du droit de mettre certains quartiers *à la réserve, nonobstant l'opposition des communes*, toutes les fois qu'il serait reconnu que cette mesure est nécessaire à la conservation du sol.

Il faudrait aussi, d'après lui, proportionner le nombre des troupeaux aux ressources actuelles de la contrée, et pour cela supprimer la transhumance, l'élevage direct devant être beaucoup plus fructueux pour les habitants et moins dangereux pour l'intérêt public, que la location des montagnes pastorales.

Il faudrait enfin arriver à améliorer l'état des pâturages, à les transformer en prairies. Cette « transformation, fût-elle imposée aux proprié- « taires par l'action de certains règlements, n'en serait pas moins tout à « leur avantage, puisque les prairies ont là plus de valeur que les champs « cultivés. »

La création d'une grande superficie de pelouses liée au reboisement serait pour ce pays le plus grand des bienfaits.

« Si les habitants étaient conduits peu à peu à substituer des vaches à « leurs désastreux troupeaux de chèvres et de moutons, ils augmenteraient « leurs récoltes de fourrage pour pourvoir à la subsistance de ces bêtes « pendant l'hiver. Par là les Alpes se rapprocheraient peu à peu des condi- « tions de l'heureuse Suisse ! »

Ainsi se rétabliraient les pâturages.

Mais le remède principal contre le mal principal, contre le torrent, c'est la forêt.

La présence d'une forêt sur le sol empêche la formation des torrents.

La destruction d'une forêt livre le sol en proie aux torrents.

Le développement des forêts provoque l'extinction des torrents.

La chute des forêts revivifie les torrents éteints.

La nature, en plaçant les forêts sur les montagnes des Alpes, a mis le remède à côté du mal.

De la présence des forêts sur les montagnes dépendent l'existence des cultures et la vie des populations. C'est une œuvre de salut, c'est une question d'être ou de n'être pas.

C'est donc par le reboisement qu'il faut commencer l'œuvre de réparation dans les Alpes. C'est la condition nécessaire de toutes les autres améliorations : elle doit les précéder toutes, car nulle autre n'est possible sans lui.

Réussira-t-il ?

On ne peut en douter. Les montagnes sont la patrie naturelle des forêts.

Les difficultés que présente le reboisement sont en raison inverse de l'intérêt qu'on a à l'opérer.

Ce qui prouve que le reboisement réussira, ce sont ces débris des anciennes forêts qui nous restent encore, ces vieux témoins qui se tiennent debout, victorieux contre les attaques incessantes des hommes et des eaux, des troupeaux et du climat, comme pour attester qu'ils sont plus forts que tous les obstacles.

Donc, puisque la nécessité, l'urgence, l'efficacité des travaux de reboisement à faire est démontrée, il faut pourvoir à leur exécution, au besoin y obliger les intéressés ; pour les terrains communaux, les mettre sous le régime forestier, les confier aux soins de l'Administration forestière ; pour les terrains appartenant aux particuliers, obliger les propriétaires à planter, ou les exproprier !

Oui, les exproprier !

« L'expropriation est une mesure avec laquelle les travaux publics « nous ont depuis longtemps familiarisés en France. »

Elle s'opérera dans les formes prévues pour l'acquisition des terrains nécessaires aux routes. Elle sera précédée d'une déclaration d'utilité publique.

Quant à la dépense, c'est à l'État qu'incombe le devoir de la supporter.

Le département est pauvre, les communes pauvres aussi, « les habi-

« tants, sans y coopérer, payeront assez leur part par tous les sacrifices
« qu'ils seront obligés de subir: diminution du nombre de leurs moutons,
« diminution de l'étendue des pâturages, gêne apportée à leurs cultures. »

Le devoir qui incombe à l'État est celui qu'il a rempli dans les Landes. Il a défendu les propriétés voisines contre l'envahissement des sables. Il doit, par des raisons analogues, défendre les vallées et les montagnes des Alpes contre les torrents.

Il y a une évidente analogie.

Il y a d'ailleurs intérêt, ne fût-ce que pour supprimer de son budget les sommes considérables que lui coûtent chaque année l'entretien des routes dans ce pays et la traversée des torrents. Celle d'un seul torrent, torrent fort modeste, le Déoul, a coûté 120,000 francs. L'endiguement de Chorges a coûté plus de 100,000 francs. Or, on sait ce qu'il y a de torrents dans les Alpes. M. Surell a parlé plus haut de *leur multitude*.

Ce que l'auteur de l'étude sur les torrents des Hautes-Alpes proposait en 1841, lois, crédits, travaux, tout est passé à l'état d'actes.

C'est dans les conclusions de l'étude sur les torrents des Hautes-Alpes qu'ont été puisées, à l'exception d'une seule [1], les dispositions de la loi du 28 juillet 1860 sur les reboisements obligatoires.

Il n'était donc pas possible de présenter un travail complet sur les origines de la loi sans parler du livre qui en avait été pour ainsi dire l'exposé des motifs scientifiques, le commentaire *avant la lettre*. L'analyse qui vient d'être faite de ce livre était ici d'autant plus à sa place que plus d'une fois dans le cours de ce rapport le témoignage et l'autorité de M. Surell seront invoqués à l'appui des dispositions nouvelles du projet de loi.

CHAPITRE III.

LOIS DU 28 JUILLET 1860 ET DU 8 JUIN 1864.

Au moment où l'étude sur les torrents des Hautes-Alpes (1840) venait de démontrer scientifiquement la nécessité des travaux de reboisement, les inondations désastreuses de la vallée de la Saône et du Rhône consternaient le pays dans le présent, l'effrayaient pour l'avenir; l'opi-

---

[1] La faculté pour les particuliers et communes de se libérer en remboursement des avances par un abandon partiel en nature, en terrains.

nion publique assignait d'instinct à ces maux le déboisement comme cause, le reboisement comme remède.

L'Administration des forêts fut mise par le Gouvernement en demeure de présenter un projet de loi. Justement émue du péril public que les inondations venaient de révéler et de l'urgence d'une action prompte et énergique, l'honorable M. Legrand, alors directeur général des forêts, présenta, en 1845, un projet de loi dont les dispositions peuvent se résumer comme il suit :

Des ordonnances royales détermineront les départements où l'intérêt public exige que le reboisement des montagnes soit opéré par des mesures administratives et prescriront la reconnaissance des terrains à soumettre *au régime exceptionnel.*

D'autres ordonnances rendues en Conseil d'État, portant déclaration d'utilité publique, classeront les terrains sur lesquels il y aura lieu *soit à la création de massifs boisés, soit à la régénération du pâturage,* et détermineront le mode de culture applicable à chacun d'eux. Les terrains compris dans les périmètres déterminés par les ordonnances seront de plein droit soumis au régime forestier, sauf certaines exceptions et seulement en ce qui concerne le pâturage, pour les particuliers.

Les propriétaires des terrains classés seront mis en demeure d'exécuter les travaux prescrits ; à défaut d'exécution, il seront expropriés pour cause d'utilité publique.

La hardiesse de ce projet effraya le législateur, qui se borna à prescrire une étude d'ensemble destinée à mieux faire apprécier les difficultés de la question.

C'est ce que démontrent les lignes suivantes empruntées au rapport présenté, le 4 juin 1847, par M. Félix Réal, à la Chambre des députés :

« L'entreprise du reboisement des montagnes est d'un intérêt im« mense. Il est désirable qu'elle s'accomplisse; mais, il ne faut pas se le
« dissimuler, cette entreprise est hérissée de difficultés de tout genre.
« Les terrains sur lesquels porteront les travaux appartiennent à l'État,
« aux communes, aux particuliers. A l'égard des travaux à faire dans les
« bois de l'État, le Trésor aura à pourvoir seul à la dépense. Ce sera
« alors uniquement une question de budget. Mais la question n'est pas
« aussi simple quand on aura à porter les travaux, soit sur des terrains
« communaux, soit sur des propriétés privées. La difficulté de subvenir

« à la dépense, de créer des ressources pour y faire face, sera grande;
« des obstacles d'un autre genre viendront s'y joindre, il faut s'y attendre.

« Cette entreprise est en elle-même coûteuse. L'achat des graines et
« des plants, la préparation du sol entraînent à des frais considérables.
« Les produits qu'on doit en recueillir sont, au contraire, tardifs, lents
« et bien souvent inférieurs, soit au prix de revient, soit surtout aux
« produits qu'on pourrait tirer, sur les mêmes terrains, d'une autre cul-
« ture. Souvent le propriétaire du sol n'a aucun intérêt au reboisement,
« quelquefois il a un intérêt opposé. Il y aura donc nécessité ou d'exercer
« une coercition pour le contraindre à l'exécution du reboisement des
« montagnes, ou d'en charger le Trésor public. La coercition soulève
« des questions de propriété, d'indemnité, qui toutes appellent les mé-
« ditations des jurisconsultes, des économistes, des hommes d'État. La
« solution de ces questions par le pouvoir législatif devra précéder l'exé-
« cution des travaux. »

La révolution de février arrêta les études. Elles ne furent reprises que
quand les inondations de 1856 eurent apporté un nouvel et terrible
avertissement qui, cette fois, fut entendu.

Dans un rapport en date du 2 février 1860, le Ministre des finances
expose qu'aucune disposition législative [1] n'a encore été prise en France
pour régler la matière des reboisements; que, cependant, il y a lieu
pour l'État à intervenir, parce que les reboisements profitent plus à
l'avenir qu'au présent.

Le rapport évalue à 1,133,743 hectares l'étendue des terrains suscep-
tibles de reboisement. Sur ce nombre, 40,110 appartiennent à l'État et
n'exigent aucune disposition législative nouvelle. Il n'en est pas de même
en ce qui concerne les terrains appartenant aux communes et aux particuliers. C'est le législateur qui doit donner aux efforts isolés tentés sur
ces terrains l'impulsion que réclame l'intérêt général; c'est lui aussi qui
doit déterminer l'importance et fixer les conditions du concours à fournir
par l'État pour l'exécution des travaux.

D'ores et déjà le rapport établit la distinction fondamentale qui va

---

[1] Sauf cependant l'article 225 du Code forestier, exemptant d'impôts pendant vingt ans
les plantations et semis opérés sur la pente et sur le sommet des montagnes, exemption
portée à trente ans par la loi de 1859.

dominer la loi et ne disparaîtra plus de son texte, entre les travaux *facul-*
tatifs et les travaux *obligatoires*, les premiers faits par les intéressés eux-
mêmes, communes ou particuliers, volontairement, et que l'État se bor-
nera à encourager par des subventions; les autres réclamés par l'intérêt
public et dont l'État se chargera, si les propriétaires individuels ou col-
lectifs, mis en demeure de les exécuter, refusent ou sont dans l'impossibilité de les faire.

Relevons en passant, dans ce rapport, deux indications : la première
est relative aux subventions à fournir par l'État. Il est dit que les communes qui demanderaient des subventions trop élevées devraient s'attendre
à ne recevoir de l'État qu'un concours subordonné à des conditions oné-
reuses, telles que le partage proportionnel de la forêt créée sur les terrains
communaux.

Et, pour justifier de cette disposition, le rapport ajoute : « Si une cer-
« taine proportion est dépassée, la subvention de l'État change de carac-
« tère et devient une avance recouvrable, au moins en partie, au moyen
« de la cession d'une portion des terrains dont la valeur est accrue. »

La seconde indication est relative à l'exécution des travaux obligatoires.
On voit apparaître dans l'exposé des motifs cette distinction que la loi a
consacrée depuis, entre les terrains des particuliers, pour lesquels l'expropriation pourra être requise, et ceux des communes dont on prévoit
seulement l'occupation temporaire dans les conditions prévues par la loi
du 19 juin 1857, sur la plantation des communaux de la Gironde et des
Landes.

Il ne faut pas, dit le rapport, amener de changements brusques dans
les habitudes des populations des montagnes. On s'adressera tout d'abord
à celles pour lesquelles le bienfait du reboisement est déjà senti et appré-
cié. Ce concours garantit le succès, et l'importance des résultats obtenus
éclairera peu à peu les communes moins bien disposées. D'ailleurs l'intérêt des pasteurs est étroitement lié aux opérations du reboisement, car
l'abus de la dépaissance ne nuit pas moins à la conservation des pâturages
qu'à la conservation des forêts.

Pour modérer l'effet des mesures, on pourra accorder aux particuliers,
après reboisement, la faculté de rentrer dans la propriété de leurs terrains, en restituant à l'État l'indemnité d'expropriation et le prix des travaux. On pourrait admettre aussi les communes à reprendre possession

de leurs terrains en remboursant à l'État ses avances, *les dispenser de tout remboursement moyennant l'abandon de moitié des terrains reboisés.*

Je crois devoir faire remarquer ici que cette disposition que n'avait pas recommandé M. Surell, et qu'on empruntait à la loi de 1857, était évidemment suggérée par le désir d'offrir aux communes une facilité de plus pour le remboursement des avances de l'État. On croyait à la plus-value que les travaux donneraient aux terrains des communes. On trouvait aussi avantageux pour elles que pour l'État de faire contribuer ainsi la plus-value au remboursement. On croyait que les communes accepteraient cette disposition avec reconnaissance. Les prévisions du législateur ont été trompées sur ce point. Quoique la mesure ne pèse encore sur les communes qu'à l'état de menace, c'est entre tous les articles des lois actuelles celui qui de beaucoup a excité le plus de plaintes.

Les recommandations du Ministre des finances précédèrent de peu la présentation d'un projet de loi délibéré par le Conseil d'État, le 27 février 1860, et dont l'exposé des motifs, reprenant les choses au point où les avait laissées le projet de 1845, donne les raisons qui ont fait alors abandonner ce projet.

Dans la pratique, cette vaste mainmise sur la presque totalité des montagnes, enlevant au droit commun la propriété communale et la propriété privée, mettant, sur tous les points à la fois, le pâturage à la discrétion de l'Administration, eût soulevé d'invincibles résistances.

On se plaçait, en 1845, dans cette alternative : ou à défaut d'exécution, l'État expropriait en masse et exécutait lui-même une opération évaluée à plusieurs centaines de millions, c'est-à-dire impossible, ou par l'exécution successive, il imposait à la propriété des charges immédiates en vue d'un avenir indéfiniment ajourné.

« Le projet actuel, disait l'exposé des motifs, est plus modeste et plus pratique.

Des deux objets visés par le projet de 1845, il n'en aborde qu'un, le reboisement.

Il laisse en dehors la régénération des pâturages, non qu'elle ne soit pour le reboisement un auxiliaire utile, mais :

1° Les ressources financières ne seront en rapport avec l'importance des travaux de reboisement qu'à la condition de n'en rien distraire pour des travaux d'une moindre efficacité;

2° Le reboisement protégera, dans une certaine mesure, la reconstitution naturelle des pâturages;

3° Les communes s'occuperont elles-mêmes de cette régénération;

4° Au besoin, la loi projetée sur la mise en valeur des terrains communaux y pourvoira.

Poursuivant l'examen comparatif du projet de 1845 et du projet nouveau, l'exposé des motifs dit :

Les périmètres ne sont pas ceux de 1845 : ce sont des *périmètres restreints*, limités à l'étendue et à l'importance des massifs reconnus nécessaires, où le repeuplement devra être immédiatement effectué, dans les délais assignés par le décret déclaratif de l'utilité publique.

En cas de refus ou d'impuissance d'un particulier, l'expropriation pour cause d'utilité publique régulièrement constatée est admise par l'exposé des motifs : c'est, dit-il, le *droit commun* en matière de travaux publics.

Il insiste à son tour sur les tempéraments apportés à la loi pour la rendre acceptable à l'industrie pastorale. On ne plantera chaque année qu'un vingtième des terrains. Les communes reprendront possession du pâturage dans les bois nouvellement créés, dès qu'ils seront reconnus défensables. Enfin les intéressés, particuliers ou communes, peuvent s'exonérer de toute répétition des avances de l'État par l'abandon de la moitié des terrains.

« *Cette faculté sera ordinairement très-précieuse aux communes.* »

Le rapporteur devant le Corps législatif, l'honorable M. Chevandier de Valdrôme accepte (mai 1860) le principe du projet de loi. Il insiste sur son caractère restreint.

L'utilité des reboisements, la nécessité de protéger le sol contre les ravages des eaux ne peuvent faire doute pour personne. Mais il ne faut pas se faire d'illusions. *Le succès limité à des points restreints, prévus et déterminés à l'avance, sera un encouragement à faire plus tard davantage. On proportionnera alors l'importance des mesures complémentaires qu'on sera amené à demander aux difficultés qu'on aura rencontrées dans la pratique.*

La loi de 1860 n'est, selon le rapporteur, qu'une mesure d'essai. C'est

3 •

un premier pas. La commission appelle de tous ses vœux le moment
où des mesures plus larges pourront être proposées.

L'honorable M. Chevandier de Valdrôme ne se désintéresse pas,
comme le faisait l'exposé des motifs, de ce qui touche à *la régénération
des pâturages*.

« Le déboisement n'est ni la seule ni la principale cause des désastres
« que produisent les ravages des eaux, l'abus de la dépaissance est une
« cause perturbatrice encore plus funeste. De même, comme remède,
« le reboisement ne suffira pas. Reboiser toutes les montagnes dénudées
« serait chose impossible au point de vue de la dépense à laquelle on
« serait entraîné, chose inutile, puisque le maintien du gazonnement est
« un préservatif suffisant dont l'expérience a démontré l'efficacité, chose
« fâcheuse au point de vue de la richesse du pays, puisqu'il substituerait
« des bois, dont on ne retirerait que bien peu ou point de produits, à de
« *magnifiques* pâturages dont la destruction ruinerait les populations de la
« montagne. Mais il n'est pas moins vrai que, combiné avec le gazon-
« nement, le reboisement aura l'influence la plus heureuse.
« La loi ne produira tout le bien qu'on peut en attendre que quand
« elle sera complétée par des mesures protectrices du gazonnement. »

Peut-être y aurait-il lieu d'introduire ici quelques réserves à l'endroit
de l'efficacité relative des deux procédés de consolidation des montagnes
mis en parallèle par le rapporteur ; mais ces réserves apparaîtront assez
clairement dans la suite de ce rapport, pour qu'on puisse ici passer
outre.

L'honorable rapporteur fait ensuite connaître que l'application de l'expropriation pour cause d'utilité publique a provoqué de vives observations, surtout en ce qui concerne les propriétés particulières.

Un des membres de la Commission a demandé que pour les terrains
communaux on s'en tint à l'article 90 du Code forestier. Cette proposition est repoussée parce que l'article 90 ne contient aucune sanction pour
l'exécution de la décision qui ordonne le reboisement. Il ne concerne que
les pâturages, et c'est principalement sur les terres vaines et vagues que
porteront les premières applications de la loi ; enfin, il n'accorde pas
aux communes les avantages que leur confère la loi nouvelle.

Quant aux particuliers, la minorité de la Commission ne peut admettre un cas d'expropriation pour *non-amélioration de la propriété privée*.

La majorité pense au contraire qu'il faut protéger les terrains inférieurs contre le mauvais vouloir ou l'incurie des propriétaires des fonds supérieurs. C'est à l'État qu'il appartient de remplir ce devoir. Il est bien entendu que l'expropriation sera réservée pour les cas extrêmes et entourée de garanties protectrices pour les intérêts en jeu.

Quelle que fût la nécessité des travaux qu'elle allait prescrire, quelque mitigée et adoucie qu'elle eût été par la discussion, quelles que fussent les précautions prises pour la faire accepter des populations pastorales, la loi du 28 juillet 1860 touchait de trop près et trop directement à leurs intérêts pour ne pas éveiller, dès le premier jour, chez les propriétaires de troupeaux, de vives défiances; pour ne pas se heurter dès les premiers pas, dès qu'on occuperait des terrains, à une hostilité latente ou déclarée d'autant plus ardente qu'elle serait surtout *la crainte de l'inconnu.*

On le sentit bientôt; on se dit alors que la loi sur la mise en valeur des terrains communaux serait, pour l'industrie pastorale, une compensation à la loi du reboisement, puisqu'elle ouvrirait à cette industrie la source de bénéfices prochains et assurés. On crut que l'application simultanée des deux lois, de la mise en valeur des bois communaux et du reboisement, établirait une sorte d'équilibre entre les charges imposées par l'une et les satisfactions que l'autre allait apporter. On chargea une commission de poursuivre ce résultat. Les efforts de la commission n'aboutirent pas.

Le législateur, éclairé par l'Administration sur les tendances et la portée des résistances qu'elle rencontrait, jugea opportun de rassurer les populations pastorales et de leur donner des satisfactions qui permissent de mener de front l'œuvre de reboisement qui les alarmait, et l'œuvre de la régénération des pâturages, devant laquelle on avait reculé en 1860 par des considérations que l'expérience n'avait pas confirmées [1]. Un projet de loi fut présenté pour compléter, en ce qui concernait le gazonnement, la loi du 28 juillet 1860.

Sans doute, dit l'exposé des motifs de ce projet de loi, les travaux ont été bien exécutés; on est resté dans les prix prévus; on n'a cessé de rencontrer le concours sympathique des conseils généraux, des conseils d'arrondissement, des commissions spéciales, seulement :

---

[1] Voir l'exposé des motifs du projet de loi.

« Si nous arrivons à un point très-délicat, les *dispositions morales des* *populations* en présence des mesures prises pour l'exécution de la loi de « 1860, on rencontre des faits dont la généralité a amené le Gouverne- « ment à penser qu'il était opportun et peut-être nécessaire de compléter « la loi dans le sens des observations faites par la commission du Corps « législatif, au moins en ce qui concerne les pâturages appartenant aux « communes. »

Dans le sein des conseils municipaux et de la part des habitants des communes intéressées, le but et les efforts de la loi ont été, sur beaucoup de points, mal compris et mal appréciés.

Les usagers, habitués aux maigres ressources que la dépaissance leur procure, trop pauvres quelquefois, il faut bien le reconnaître, pour s'en passer, se sont émus des mesures qui restreignaient temporairement les jouissances individuelles. Il y a plus, voyant l'Administration s'occuper exclusivement de travaux de reboisement, ils lui ont attribué la pensée de substituer partout la forêt au pâturage, et l'intention d'arriver pro- gressivement à la suppression de la dépaissance.

Les conséquences ont été celles-ci : un grand nombre de décrets dé- claratifs de l'utilité publique n'ont pu être rendus que contrairement à l'avis des conseils municipaux et aux vœux des déposants admis à l'en- quête ; d'un autre côté, les communes se sont refusées aux légers sacri- fices qu'aurait exigé d'elles l'augmentation de pâturages qu'elles ont cru destinés à leur être ravis dans un avenir plus ou moins éloigné.

Il faut que le Gouvernement intervienne, qu'il éclaire les populations, qu'il les rassure, qu'il tienne compte de leurs besoins et de leurs vœux légitimes, *en cherchant les moyens de compenser la diminution de leur jouis-* *sance, sous le rapport de l'étendue des parcours, par l'amélioration de ces mêmes* *jouissances au point de vue de la richesse des pâturages.*

Rapporteur du projet de loi du gazonnement, comme il l'avait été de celui du reboisement, l'honorable M. Chevandier de Valdrôme appuie à son tour sur les idées qu'il avait déjà exprimées en 1860, et que l'exposé des motifs s'assimilait. Insuffisance du reboisement pour résoudre le *double* problème soulevé par la restauration des montagnes. Avantages du gazonnement moins coûteux, facile à faire, aussi efficace que le reboise- ment pour la consolidation du sol, moins efficace peut-être au point de vue de l'aménagement des eaux.

Il fait connaître que c'est l'Administration des forêts qui, arrêtée dans son œuvre, ne pouvant ni améliorer ni protéger ces immenses pâturages, ressource principale des populations de la montagne, réduite pour tout moyen préservatif à convertir en forêts les parties les plus abîmées, n'ayant pas d'autre avenir que la continuation des travaux de reboisement pour remédier aux abus croissants qu'amènerait la jouissance de plus en plus restreinte, a pris l'initiative du projet de loi sur le gazonnement.

Il semblait que tout le monde fût d'accord pour accepter la concession ainsi faite aux populations pastorales. Le projet de loi ne passa pas toutefois sans débats, notamment sur l'article 3.

Plusieurs des membres de la commission contestèrent de nouveau à l'État le droit d'exécuter d'office sur des terrains appartenant aux communes des travaux dont il pourrait ensuite exiger le remboursement, attaquant ainsi le principe admis par les articles 8 et 9 de la loi du 28 juillet 1860.

Expropriez les communes, disaient-ils, si vous ne pouvez acquérir à l'amiable les terrains sur lesquels elles se refusent à exécuter les travaux. *Agissez à leur égard comme pour les propriétés particulières.* Mais ne leur imposez pas des dépenses dont elles contestent l'utilité, qui devront surtout profiter aux terrains inférieurs, et dont le renouvellement pourrait finir par absorber peu à peu la plus grande partie de leur patrimoine. Ou bien, si vous ne voulez pas les exproprier, faites payer ces dépenses soit aux terrains inférieurs que vous voulez protéger plus directement, soit à l'État, s'il s'agit d'un intérêt général.

La majorité ne crut pas pouvoir admettre en 1864 ce qu'elle avait repoussé en 1860; elle refusa d'étendre l'expropriation aux communes ou établissements publics, par le motif que leurs *propriétés immobilières étaient placées sous la tutelle de l'État ou confiées à sa garde.*

Mais, par une nouvelle, par une juste concession faite aux intérêts pastoraux, la loi nouvelle introduisit le principe d'indemnités à allouer aux communes en cas de privation temporaire des pâturages. La commission fut unanime à reconnaître la convenance de ces indemnités. Quelques membres demandèrent même qu'au lieu d'être facultatives elles devinssent obligatoires, n'admettant pas qu'on pût imposer aux communes, sans indemnité, une réduction temporaire de leur jouissance pour la satisfaction d'un intérêt général. La commission pensa qu'une privation partielle, rendue nécessaire par l'abus même de la jouissance, ne pouvait donner droit à une indemnité. Elle l'accorda à titre de secours; elle ne pût l'admettre comme la reconnaissance d'un droit.

En résumé, le régime que les deux lois du 28 juillet 1860 et du 8 juin 1864 ont établi est le suivant :

L'État subventionne les travaux de reboisement et de gazonnement entrepris en montagne par les particuliers et les communes.

L'intérêt public peut exiger que ces travaux soient rendus obligatoires à raison de l'état du sol et des *dangers* qui en résultent pour les terrains inférieurs.

L'État détermine le périmètre des terrains à reboiser, *déclare l'utilité publique des travaux* par décret rendu en Conseil d'État, après enquête.

Les propriétaires, particuliers ou communes, sont mis en demeure d'exécuter les travaux reconnus obligatoires. S'ils refusent, l'État exécute d'office le reboisement ou le gazonnement.

Vis-à-vis des communes il garde la jouissance des terrains jusqu'à remboursement intégral de ses avances.

Vis-à-vis des particuliers il peut acquérir les terrains par voie d'expropriation.

Dans les deux cas, et moyennant le remboursement des avances, les communes et les particuliers peuvent obtenir leur réintégration.

Ils peuvent l'obtenir encore en abandonnant la propriété de moitié des terrains reboisés; pour les terrains gazonnés, le quart de la propriété, ou moitié de la jouissance, pendant le temps nécessaire pour que l'État rentre dans ses avances.

Des indemnités peuvent être allouées aux communes en cas de privation de pâturage sur les terrains communaux.

Nous allons voir maintenant ces deux lois à l'œuvre et constater les résultats qu'elles ont produits.

CHAPITRE IV.

RÉSULTATS OBTENUS.

D'un rapport adressé en 1869 au conseil général des Hautes-Alpes, j'ai extrait pour le compte rendu des travaux de 1867-1868, le passage suivant que je vous demande, Monsieur le Ministre, la permission de placer sous vos yeux, parce que ce témoignage, remontant déjà à plusieurs années et rendu par un homme impartial et compétent, bien placé pour voir, me paraît avoir acquis l'autorité de la chose jugée.

« Le torrent de Sainte-Marthe près Embrun menaçait d'étendre ses « déjections jusque sur la route impériale n° 94. Un projet de construc- « tion d'une digue sur la rive gauche avait même été étudié; la dépense « était évaluée à 45,000 francs environ...

« Depuis l'exécution des travaux faits par l'administration forestière « dans le bassin de Sainte-Marthe, ce cours d'eau a perdu son caractère « torrentiel, fixé son lit sur le cône de déjection; l'endiguement est de- « venu inutile, et le projet étudié a été complétement abandonné.

« Le torrent de Palps, sur la commune de Risoul, menaçait la route « départementale n° 4 et la route impériale n° 94. En 1865, l'avant-projet « des travaux à faire pour conduire directement ce torrent dans le Guil « et en fixer le lit aux abords de la route départementale avait été étudié « et présenté. Il s'agissait d'une dépense de 30,000 francs. L'Administra- « tion forestière a consolidé et regazonné le bassin de réception de ce « torrent, et on a pu laisser sans inconvénient et sans danger les eaux « suivre leur direction actuelle et construire un simple aqueduc sur la « route n° 94.

« Le torrent de Riou-Bourdoux était signalé comme l'un des plus re- « doutables torrents des Hautes-Alpes; la masse des matériaux que les « eaux mettaient en mouvement à chaque crue avait fait renoncer à la cons- « truction d'un pont pour le passage de la route n° 94. L'Administration « des forêts a mis en défends le bassin de réception, exécuté des travaux « de consolidation et de gazonnement. Le régime de ce torrent s'est en « quelque sorte transformé; on a pu, à *peu de frais*, fixer définitivement « le lit sur le cône, et établir un pont pour la route.

Je ne puis donner ici, et surtout avec autant de détails pour chacun d'eux, la liste complète de tous les travaux de l'espèce exécutés par le service du reboisement dans tous les départements où s'appliquent les lois de 1860 et de 1864. Je me bornerai à mentionner sommairement les principaux.

A. *Routes protégées.*

Basses-Alpes :

Route nationale n° 100, de Montpellier à Coni, sur 14,800 mètres.
Route nationale n° 85, de Lyon à Antibes, sur 3,900 mètres.
Route nationale n° 207, d'Avignon à Nice, sur 3,000 mètres.
Route départementale n° 10, sur 220 mètres.
Sur les passages préservés, les dépenses extraordinaires *annuelles* s'élevaient, avant les travaux, à plus de 18,000 francs.

Lozère :

Route nationale n° 88, de Lyon à Toulouse.
L'économie annuelle est de 1,000 francs.

Isère :

Route nationale n° 91, de Grenoble à Briançon.
Route nationale n° 75, de Grenoble à Sisteron.

Gard :

Route nationale n° 106.
Route de Langogne aux Vans.

Aude :

L'économie annuelle sur les frais d'entretien de la route départementale qui traverse le périmètre de l'Argent-Double est de 80 p. o/o.

Drôme :

Route n° 93, de Valence à Gap; chemins vicinaux de Boulc à Bonneval, de Luc à Miscon, de Châtillon à Treschenu.
Route départementale n° 10, de Châtillon à Luc.

Hautes-Alpes :

Route départementale du Queyras, en face de Mont-Dauphin.
Route de Gap à Barcelonnette, chemin vicinal de Réallon à Embrun.
L'établissement de la voie ferrée de Gap à Briançon sera facilité, et d'une manière très-sensible, par les travaux du périmètre de Sainte-Marthe.

Plus les chemins de fer pénétreront dans les régions montagneuses des terrains instables, plus les travaux de reboisement et de consolidation de montagnes acquerront d'importance et d'utilité.

On a vu plus haut, dans le deuxième chapitre de ce rapport, que des villages entiers étaient menacés de ruine par les torrents.

Je crois opportun de donner ici, pour les groupes d'habitations, hameaux, villages, bourgs et villes mis à l'abri des dangers qui les menaçaient, une énumération sommaire semblable à celle qui vient d'être faite pour les routes.

B. *Groupes d'habitations protégées.*

Basses-Alpes :

Hameaux du Bourget et de Lara; villages d'Uvernet et de Barjons.

Lozère :

Villages de Chanal et du Crouzet.

Ardèche :

Village de Laviolle.

Isère :

Villages de Fau et de Saint-Maurice, Bourg-d'Oisans.

Hautes-Alpes :

Hameaux de Sainte-Marie, des Méans, de Borels, des Césaris; villages de Théus et de Rousset.

Drôme :

Jonchères, Poyols, Luc, et la ville de Châtillon.

Si de cette énumération incomplète et sommaire des résultats locaux nous passons aux résultats généraux, voici ce que l'on constate :

Au 1er janvier 1875, les travaux facultatifs, reboisement et gazonnement compris, avaient porté sur

32,013h,70a,63c appartenant aux communes.

14,779 69 94 appartenant aux particuliers.

Total..... 46,793 40 57

On avait, *obligatoirement*, reboisé, gazonné ou consolidé :

Appartenant aux communes............ 25,322ʰ,68ᵃ,85ᶜ
Appartenant aux particuliers............ 1,426 65 09

        Total................. 26,749 33 94

Si l'on y joint les travaux faits sur des terrains de l'État compris dans les périmètres obligatoires, s'élevant à...................... 2,471ʰ,74 ,16ᶜ
le total des hectares sur lesquels ont porté les travaux obligatoires est de................. 29,221 08 10

Ici deux remarques sont nécessaires :

Le chiffre mentionné pour les travaux facultatifs faits par les particuliers est et ne peut être que celui de leurs déclarations.

Quant aux travaux obligatoires, ni les regarnis ni les entretiens ne contribuent à grossir le chiffre des hectares mentionnés.

On avait dépensé, au 1ᵉʳ janvier 1875 :

Pour travaux facultatifs................ 2,784,214ᶠ01ᶜ
Pour travaux obligatoires.............. 7,040,002 10

        Total....... 9,824,216 11

Ce qui fait revenir l'hectare *facultatif* à 106 francs, dont 59 francs à la charge de l'État et 47 francs à la charge des propriétaires, et l'hectare *obligatoire* à 240 francs.

Si l'on divise le coût total des hectares facultatifs et obligatoires par le nombre total de ces hectares, on a une moyenne de dépense à l'hectare de 158 francs.

On avait dit, en 1860, que les travaux de reboisement reviendraient en moyenne à 170 francs l'hectare, dont 120 francs de premier établissement et 50 francs pour frais de regarnis pendant les cinq premières années [1].

______

[1] Exposé des motifs de la loi de 1860, page 2.

On ne pensait pas alors que ce fût une illusion de promettre, après l'expiration d'une période de dix ans, qu'on aurait reboisé 80,000 hectares, dont un quart ou un tiers de *subventionnés*.

On a aujourd'hui 76,714 hectares (facultatifs et obligatoires réunis), dont 46,793 subventionnés.

Si l'on veut bien réfléchir au trouble qu'ont apporté les événements de 1870 et de 1871, à la diminution des crédits qui en a été la suite, et qui ne permet guère de compter plus de dix exercices pleins, il semble que l'Administration forestière, ayant atteint à peu près le nombre des hectares prévus, étant restée au-dessous de la moyenne des prix présumés, a rigoureusement accompli son mandat.

Sans doute, il y a eu des échecs. Ici, les essences n'ont pas toujours été bien choisies; là, on n'avait pas tenu suffisamment compte du besoin d'abris contre la sécheresse, du déchaussement des plants par la gelée. Ailleurs, les travaux avaient été faits avec parcimonie, des barrages ont été enlevés; mais ces déceptions même furent utiles, car elles servirent de leçons; elles sont partout réparées ou en voie de l'être, et en définitive la résultante de l'œuvre est le *succès*.

Cette conclusion paraîtra plus acceptable encore si l'on veut bien se souvenir que, sous la pression de l'opinion publique, l'Administration abordait sans précédents, sans préparation, une tâche hérissée d'obstacles naturels les plus redoutables; si l'on veut bien ne pas oublier non plus que la résistance des populations pastorales, presque générale, sous des formes diverses, alla souvent jusqu'à la révolte ouverte.

CHAPITRE V.

PROPOSITION CHEVANDIER.

A la date du 21 décembre 1874, l'honorable docteur Chevandier, député de la Drôme [1], a déposé sur le bureau de l'Assemblée nationale un projet de loi tendant à modifier les lois du 28 juillet 1860 et du 8 juin 1864.

---

[1] Il y a entre le rapporteur des lois de 1860 et de 1864, M. Chevandier de Valdrôme, et l'auteur de la proposition, M. le docteur Chevandier, député de la Drôme, une ressemblance de nom qui pourrait jeter quelque confusion dans l'esprit du lecteur non prévenu.

L'auteur de cette proposition estime que l'exécution des lois sur le reboisement et le gazonnement a apporté dans l'exercice de l'industrie pastorale un trouble profond auquel il pense qu'on peut attribuer la dépopulation du pays. Il trouve souverainement injuste que les populations pastorales, déjà si gravement atteintes dans leurs intérêts par l'application de ces lois, soient en outre tenues de payer, ou par le remboursement des avances faites, ou par l'abandon d'une partie de leurs terrains, des travaux entrepris non dans leur intérêt, mais dans l'intérêt général.

C'est surtout contre l'injustice et la dureté dont il accuse les dispositions des articles 7, 8 et 9 de la loi du 28 juillet, 2 et 3 de la loi du 8 juin, que s'élève sa proposition.

Je crois pouvoir démontrer que l'application de ces dispositions n'a pas jeté dans l'industrie pastorale le trouble qui préoccupe l'honorable docteur Chevandier. Elles pèsent sur les populations pastorales plutôt à l'état de menace que de préjudice causé, réalisé; mais éventuellement elles peuvent avoir, pour les particuliers comme pour les communes, et réciproquement pour l'État, au jour de la liquidation des comptes et du règlement des intérêts, des conséquences regrettables.

J'estime donc, avec l'auteur de la proposition, que ces articles doivent être modifiés.

Aux yeux de la majorité des habitants de la région montagneuse, le pâturage extensif, le libre parcours, est l'essence même, la condition indispensable d'existence pour l'industrie pastorale. Ils mesurent leur richesse au nombre de leurs bestiaux.

On peut donc apprécier exactement le trouble qu'a pu leur causer l'application des deux lois, si l'on sait : 1° le nombre d'hectares dont elles leur ont fait perdre la libre disposition ; 2° quelle diminution a pu s'opérer dans le nombre de leurs têtes de bétail.

En 1860, on évaluait, nous l'avons vu, à 1,133,000 hectares environ la contenance des terrains à reboiser. Cette étendue se répartissait entre vingt-six départements. Il n'a été décrété de périmètres obligatoires que dans dix-sept départements. Ces départements renferment en tout 5,594 communes sur lesquelles 307 seulement ont reçu l'application de la loi.

Le tableau ci-dessous donne la liste des dix-sept départements, le nombre total des communes de chacun d'eux, celui des communes atteintes par des décrets.

DÉPARTEMENTS.	NOMBRE TOTAL des communes.	NOMBRE DE COMMUNES atteintes.
Hautes-Alpes	189	51
Haute-Loire	262	37
Isère	535	36
Basses-Alpes	251	27
Drôme	370	24
Pyrénées-Orientales	231	21
Puy-de-Dôme	456	21
Loire	328	15
Lozère	194	13
Gard	347	13
Basses-Pyrénées	556	13
Hérault	335	9
Aude	436	9
Hautes-Pyrénées	480	7
Ardèche	339	7
Var	145	3
Alpes-Maritimes	150	1
TOTAL	5,594	307

Il résulte de ce tableau que, même dans les départements où la loi a été le plus appliquée, la mainmise de l'Administration n'atteint qu'un nombre restreint de communes. Dans les Hautes-Alpes, le pays le plus ravagé par les torrents, le plus menacé de ruine, le chiffre dépasse le quart mais n'atteint pas le tiers du nombre total des communes. La moyenne pour les dix-sept départements est de moins d'un quinzième de ce nombre total. La Drôme, qui intéresse plus particulièrement l'honorable M. Chevandier, puisque c'est le département qu'il représente et qui lui a fourni la plus notable partie de ses renseignements, ne s'éloigne pas sensiblement de cette moyenne. La proportion y est exactement d'un quinzième.

Si l'on recherche ensuite, dans chacune des communes atteintes, quelle est, relativement à l'étendue totale de la commune, la superficie comprise dans les périmètres et celle dont l'industrie pastorale a pu perdre la libre disposition par suite de la mise en défends, on voit que les vingt-quatre communes de la Drôme renferment 56,643 hectares, sur lesquels 11,600 sont compris dans les périmètres, soit un cinquième de la surface totale, et que 4,593 hectares seulement ont été mis en défends pendant les trois dernières années, soit moins de moitié de la surface périmétrée, soit *moins d'un dixième de la surface totale de la commune.*

Dans les Hautes-Alpes, la proportion n'est que du cinquième de la surface totale pour la surface périmétrée, du dix-neuvième de la superficie totale pour l'étendue mise en défends; voici les chiffres :

NOMBRE DE COMMUNES.	SUPERFICIE TOTALE.	SUPERFICIE PÉRIMÉTRÉE.	HECTARES MIS EN DÉFENDS.
51	181,513ʰ	48,126ʰ	9,348ʰ

Poussons plus avant cette étude. Recherchons commune par commune, car les situations à cet égard peuvent être très-inégales, quelles sont celles auxquelles la mise en défends a pris le plus de terrain et dans quelle proportion? J'extrais des tableaux joints à ce rapport les résultats suivants :

Pour la Drôme, si l'on en excepte les six derniers périmètres où la mise en défends ne date que de 1874 et ne porte par conséquent que sur des étendues insignifiantes, on voit que les communes les plus atteintes sont :

NOMS DES COMMUNES.	SUPERFICIE TOTALE de la commune.	SUPERFICIE du PÉRIMÈTRE.	NOMBRE D'HECTARES mis en défends.
Glandage	5,211	1,212	835
Lus-la-Croix-Haute	8,720	1,101	777
Menglon	3,047	1,161	525
Boulc	2,266	451	409
Luc	2,349	815	355
Bonneval	1,916	689	308
Miscon	1,266	575	254
Châtillon	2,802	295	195

Pour Boulc et Miscon, le rapport de la superficie totale de la commune à la surface mise en défends est d'environ 5 à 1 ; pour Luc, Bonneval et Glandage, 6 à 1 ; pour Menglon, 7 à 1. La proportion n'est plus que d'un onzième à Lus-la-Croix-Haute, d'un quatorzième à Châtillon. Ce sont là les communes où l'application de la loi a été la plus étendue. N'oublions pas ici deux points importants : d'abord, que pour chacun des hectares mis en défends la commune obtient une indemnité à raison de la privation du pâturage, indemnité réglée soit par la commission spéciale, soit par le décret qui a déclaré l'utilité publique des travaux et autorisé le périmètre. N'oublions pas non plus que le conseil municipal seul, par ses délibérations, peut activer la marche des travaux telle qu'elle a été réglée par la loi.

Mais le signe le plus certain du trouble qu'a pu subir l'industrie pastorale, c'est la réduction du nombre des bestiaux qu'elle possédait avant l'application de la loi.

Voici quelles étaient pour les Hautes-Alpes et pour la Drôme : 1° en 1860, avant l'application de la loi ; 2° au 1ᵉʳ janvier 1875, les existences en bestiaux dans la région sur le territoire de laquelle des périmètres obligatoires ont été déclarés d'utilité publique :

		MOUTONS.	CHÈVRES.	BŒUFS ET VACHES.	CHEVAUX ET MULETS.
Hautes-Alpes............	1860..	97,503	7,658	8,961	5,356
	1875...	82,002	5,662	7,988	5,321
Drôme.................	1860..	44,956	2,608	#	293
	1875..	42,201	1,786	133	389

Ainsi, dans les Hautes-Alpes, la diminution du nombre des moutons est d'un sixième ; des chèvres, d'un septième ; des bœufs et vaches, d'un neuvième ; des chevaux et mulets, insignifiante.

Dans la Drôme, la diminution du nombre des moutons est d'un seizième, celle des chèvres d'un tiers ; le nombre des bœufs et vaches, celui des chevaux et mulets ont augmenté.

Que l'on étudie ces chiffres, le nombre d'hectares périmétrés, le nombre d'hectares mis en défends, les indemnités allouées, les existences de bestiaux aux deux époques dans les deux départements, et peut-être sera-t-on appelé à se demander s'il était possible d'opérer avec plus de ménagements qu'on n'en a montré vis-à-vis de l'industrie pastorale ; si en présence d'aussi terribles désastres, d'un mal que l'honorable M. Chevandier reconnaît lui-même immense [1], alors qu'on avait à protéger contre des dangers imminents villes, villages, hameaux, routes, riches cultures, vallées fertiles, on pouvait moins faire ; si c'est d'exagération dans le zèle qu'on peut accuser les agents chargés de l'exécution des travaux ; si c'est avec raison qu'il a été parlé du trouble profond que ces travaux avaient apporté dans l'industrie pastorale.

On a parlé même de la dépopulation qui s'en était suivie.

Cette dépopulation tient à la ruine dans laquelle étaient tombées certaines contrées et non aux efforts et aux travaux faits pour les en relever. C'est dans les Basses-Alpes que la dépopulation a le plus sévi ; c'est là qu'il faut aller en chercher les causes, la statistique à la main.

J'extrais d'un travail approfondi de M. l'inspecteur Demontzey, chef de la commission de reboisement des Basses-Alpes, les indications suivantes :

La population des Basses-Alpes a subi [2] en vingt-six ans une diminution de 18,784 habitants, ou de près de 12 p. o/o de la population, et une moyenne annuelle de 722 habitants.

Dans les quinze ans qui ont précédé nos travaux, la moyenne annuelle de diminution est de 809 habitants.

Dans les onze ans qui ont suivi, elle n'est plus que de 604 habitants.

Le reboisement n'a donc pas contribué, semble-t-il, à accentuer la dépopulation.

---

[1] Page 3 de la proposition.

[2]

		Diminution.
1846	156,678	'
1851	152,070	4,605
1856	147,134	4 936
1861	144,536	2,598
1866	141,521	3,015
1872	137,891	3,630

Que si l'on examine le mouvement de la population par arrondisse-ment [1], on arrive aux mêmes conclusions.

L'arrondissement de Castellane a 132,874 hectares, les périmètres n'y comprennent que 938 hectares de terrains arides. Dans cet arron-dissement la dépopulation est de 15 p. 0/0; celui de Digne renferme 2,032 hectares périmétrés, c'est-à-dire plus du double; la dépopulation n'est que de 10 p. 0/0.

L'examen détaillé du recensement, commune par commune, amène au même résultat. Presque tous les terrains de la commune de Saint-Pons sont englobés dans les périmètres, la population y a augmenté. Dans la commune d'Angles, il n'y a que 4 hectares périmétrés, non mis en dé-fends (périmètre de Vergons); en seize ans, la commune a perdu 25 p. 0/0 de ses habitants.

Ce n'est pas l'œuvre du reboisement qu'il faut accuser d'une dépopu-lation qu'a causée bien plutôt l'état de ruine des terrains dans la région. Il serait peut-être plus juste et plus vrai de dire que les travaux re-tiennent dans les villages des ouvriers, des familles, qui sans cette occu-pation ne trouveraient plus à gagner leur vie sur un sol dévasté, et con-tribuent ainsi non à dépeupler le pays mais à le repeupler.

Un tableau analogue à celui qui vient d'être analysé pour les Basses-Alpes a été dressé pour la Drôme, et est joint à ce rapport à titre d'an-nexe. Vous y verrez, Monsieur le Ministre, que les communes les plus frappées par la dépopulation parmi celles qui ont reçu l'application des lois de 1860 et de 1864 sont précisément les communes où les travaux ne datent que de 1874 et n'ont pu avoir par conséquent aucune in-fluence sur des résultats tous antérieurs à 1872.

C'est donc à tort qu'à l'appui de sa proposition, l'honorable M. Che-

[1]

	1846.	1851.	1856.	1861.	1866.	1872.	DIMINUTION totale en 26 ans.	TAUX p. 0/0.
Barcelonnette..............	18,284	17,707	16,913	16,316	15,898	15,322	2,962	16 p. 0/0
Castellane	23,431	23,201	22,816	21,820	20,897	20,103	3,728	15 p. 0/0
Digne.....................	52,215	50,679	48,010	47,517	48,143	46,566	5,649	10. 8 p. 0/0
Sisteron..................	26,114	25,385	24,146	23,729	22,673	22,310	3,804	14. 5 p. 0/0
Forcalquier	36,231	35,098	35,249	35,154	33,910	33,593	2,641	7 p. 0/0

vandier avait écrit : « Si l'on réfléchit au trouble que la seule mise en dé-
« fends de la totalité des périmètres jette dans l'économie pastorale, agri-
« cole et même industrielle des montagnes, on ne tarde pas à recon-
« naître que la production est atteinte dans ses trois sources. La dépopu-
« lation en est la conséquence forcée et constatée par la statistique. »

La totalité des périmètres n'a pas été mise en défends. Les travaux de
reboisement n'ont pas causé à l'industrie pastorale un trouble aussi profond que celui qui alarmait l'honorable député. Ce trouble est compensé
par des indemnités. La dépopulation constatée par la statistique a d'autres
causes que les travaux de reboisement, qui ont plutôt contribué à l'at-
ténuer.

Mais je reconnais, avec l'honorable docteur Chevandier, que les dispositions des deux lois qui obligent les particuliers et les communes à
rembourser le prix des travaux *obligatoires* ou à les payer de l'abandon
partiel de leur propriété prêtent le flanc à la critique.

Le législateur avait établi entre les travaux facultatifs et les travaux
obligatoires une distinction fondamentale qu'il paraît avoir perdu de vue
quand il a réglé l'imputation de la dépense relative à ces derniers.

Quand il s'agit d'opérations que réclame surtout l'intérêt privé, accessoirement l'intérêt général ; quand il s'agit, comme pour les travaux
facultatifs, d'une simple mise en valeur dont les résultats peuvent profiter plus ou moins à l'utilité publique, l'exécution incombe à l'intérêt
privé, l'État se borne à des encouragements, à des subventions, rien de
plus juste.

Mais les travaux obligatoires sont de véritables travaux publics ; l'État,
qui en ordonne l'exécution, qui en déclare l'utilité publique, devrait
les faire et les payer, sauf à réclamer ou à obtenir le concours des intéressés, si accessoirement les travaux profitent notablement à l'intérêt
privé.

Pourquoi, au lieu de suivre cette marche, la loi a-t-elle mis les propriétaires des terrains sur lesquels il va falloir agir en demeure de faire
ou de payer des travaux publics déclarés d'utilité publique ? C'est que le
législateur gardait souvenir des dispositions qu'il avait prises dans la loi
du 19 juin 1857, pour l'ensemencement et la plantation des landes de
Gascogne. Certes, cette loi a produit de bons effets ; mais entre la mise
en valeur des landes et le reboisement et le gazonnement des montagnes,

il y avait des différences essentielles dont il n'a pas été suffisamment fait état.

L'une est une opération facile, relativement peu coûteuse, d'une application uniforme, d'un résultat assuré, à bref délai, considérable. Au contraire, les travaux de reboisement, de gazonnement, de consolidation, *obligatoires*, sont difficiles, coûteux, complexes. Le revenu à en obtenir n'est ni aussi assuré, ni aussi considérable, ni surtout aussi prochain.

Les travaux des landes sont une véritable mise en valeur, ceux du reboisement sont commandés par l'utilité, par la nécessité publique. On comprend que l'État qui fait aux intérêts privés des propriétaires des landes de Gascogne l'avance de la dépense, se rembourse de ses avances sur des produits de coupes de bois assurées, sur des exploitations de résines encore plus prochaines et plus fructueuses. Sans doute, on espérait que les travaux du reboisement comme ceux des landes de Gascogne seraient suivis d'une plus-value et on la croyait également prochaine et assurée. L'expérience n'ayant pas confirmé ces résultats, des avantages exceptionnels pour les intéressés ne venant pas compenser la dérogation aux principes, il semble nécessaire de revenir sur les dispositions qui l'ont consacrée. C'est l'intérêt public qui ordonne les travaux obligatoires, c'est le Trésor public qui doit les payer.

L'honorable docteur Chevandier a donc raison, en droit, quand il s'étonne que les communes ne soient plus chargées de rembourser le prix total de travaux qui ne doivent pas être faits exclusivement dans leur intérêt privé, que dicte au contraire et avant tout l'intérêt général.

Il a raison également quand il s'élève contre le payement en nature, par l'abandon partiel de la propriété.

S'il y avait plus-value réalisée, et que l'abandon partiel fût proportionnel à cette plus-value, la disposition se soutiendrait davantage: ce ne serait plus en effet, comme le législateur en avait eu la pensée, qu'un mode de payement dispensant du débours, et par conséquent une facilité offerte à la commune. La loi ne fait pas cette réserve. Elle demande le prix intégral des travaux ou l'abandon de moitié des terrains reboisés, du quart des terrains gazonnés *quelle que soit la part d'intérêt que le propriétaire ait à l'entreprise.* C'est là ce qui n'est pas admissible, il y a là quelque chose qui ne se justifie pas. Il y a dans l'exécution des travaux un *aléa* qui peut se terminer par une injustice cruelle envers la commune, par un tort considérable envers l'État.

Il se peut, ce n'est évidemment qu'une hypothèse, que le périmètre soit de proportions étendues, que le prix des travaux, quoique relativement peu coûteux, dépasse encore de beaucoup les ressources que peut offrir le maigre budget des recettes d'une pauvre commune des Hautes-Alpes ; elle va perdre la moitié d'un périmètre étendu pour des travaux qui n'ont pas été faits en vue de son intérêt, qui ne favorisent que très-accessoirement son intérêt. En ce cas, on l'a dit : la montagne payè la sécurité de la vallée.

Réciproquement, il se peut que le périmètre soit restreint, que les travaux aient été intenses, décisifs, qu'ils aient préservé le chef-lieu de la commune, les hameaux suburbains, toutes les cultures de la montagne, et cela par quelques ouvrages bien placés sur le torrent, par des barrages, des travaux d'art importants, n'occupant qu'un espace très-limité mais d'un effet puissant. La commune s'exonérera de toute contribution à ces travaux auxquels elle doit son salut, sa propriété, sa richesse, par l'abandon de moitié d'un tout petit terrain sans valeur pour elle, d'une berge de torrent.

Dans les deux hypothèses il y a injustice.

Sans doute on peut dire que ce n'est dans les deux cas qu'une pure hypothèse, que les travaux sont loin d'être terminés, qu'on n'en sait pas encore le résultat, qu'on pourra voir alors, qu'on fera ce qu'il faudra faire, mais qu'il ne convient pas de toucher à la loi pour parer à une éventualité. On doit répondre qu'administrer c'est prévoir, que le législateur est tenu de prévoir comme l'administration, qu'il est de bonne politique de faire cesser dès aujourd'hui une éventualité fâcheuse qui plane sur les communes et dispose les populations à l'hostilité contre la loi.

Si encore ces dispositions étaient d'une application facile, si elles assuraient l'avenir des travaux !

Mais rien ne sera plus laborieux, plus compliqué, plus épineux que la liquidation de ce compte des travaux obligatoires.

Sur un torrent des Basses-Alpes, il a fallu, pour fixer une berge, occuper 153 hectares de terrains appartenant à 138 propriétaires différents et divisés en 682 parcelles. On doit tenir un compte de l'opération par parcelle et par an, et on le tient, sous peine de soulever les réclamations les plus fondées. On le tient pour tous les périmètres, pour toutes les parcelles. Après vingt ans écoulés, à combien de contestations ne donnera pas lieu l'apurement de ce compte? Comment répartira-t-on, par exemple, entre les parcelles la dépense des travaux d'art?

Donnerons-nous ou prendrons-nous en payement tout ou partie des berges du torrent? ou de son lit? ou l'emplacement de nos travaux d'art? Seront-ils partagés comme les terrains? Exigera-t-on le remboursement de ces travaux d'art ou seulement celui de la mise en valeur des terrains? Que de difficultés, et ce ne sont pas les plus grandes!

Qui payera la dépense d'entretien des travaux après la restitution des terrains? Qui sera responsable de leur conservation, s'il est bien évident qu'ils ont été faits bien plus en vue de la protection des terrains inférieurs que de l'amélioration de la propriété qui les porte.

Le décret du 19 novembre 1864 se borne à soumettre les terrains à un régime forestier plus ou moins sévère, suivant qu'il s'agit de reboisement ou de gazonnement (art. 21), à prévoir l'entretien *pendant l'exécution des travaux, avant la remise des terrains* (art. 29).

Dans le silence de la loi, il ne pouvait faire davantage. Est-ce la jurisprudence qui devra régler ce point. Il semble qu'il soit de la compétence du législateur.

Pour tous ces motifs, j'estime, avec l'honorable docteur Chevandier, qu'il y a lieu de substituer aux articles 7, 8 et 9 de la loi du 28 juillet 1860, 2 et 3 de la loi du 8 juin 1864, des dispositions nouvelles.

J'ai le regret de ne pouvoir me joindre à lui pour recommander l'adoption des dispositions qu'il propose de substituer à la loi existante.

Dans son système, l'État prend à sa charge toutes les dépenses du reboisement et du gazonnement obligatoires; il exécute tous les travaux.

Pendant l'occupation des terrains, il paye au propriétaire une indemnité annuelle pour privation de jouissance. Les travaux se font par vingtièmes. L'occupation ne peut durer au delà de vingt ans. Après ce délai, la réintégration du propriétaire, commune ou particulier, est de plein droit, à la seule condition de rembourser les indemnités reçues.

Ce système renverse absolument aux dépens de l'État, au profit de la commune ou du particulier, en ce qui concerne le mode de payement, la situation créée par la loi. Il met à la charge de l'État, dans tous les cas, la dépense entière des travaux, qu'ils aient pu produire ou non un effet utile, une amélioration notable, une-plus value considérable pour la propriété occupée. Il semble que l'intérêt public doive et puisse être seul engagé dans l'entreprise; la part contributive à la dépense du propriétaire du terrain se réduisant à supporter les travaux.

Il n'est pas plus équitable de faire supporter à l'État toute la dépense quand l'intérêt privé en profitera autant que l'intérêt général, qu'il ne l'est, dans le système de la loi, de faire payer aux intérêts locaux des dépenses d'utilité publique.

Il ne faut pas plus sacrifier l'État aux communes que les communes à l'État.

L'honorable M. Chevandier aggrave encore les conséquences de son système par les précautions qu'il prend pour garantir les intérêts locaux pendant la durée de l'exécution des travaux.

Aux termes de l'article 5 de la loi du 28 juillet 1860, une commission spéciale est appelée à donner son avis, après enquête, sur le projet qui fixe le périmètre et règle les délais d'exécution.

Cette commission se compose de sept membres : le préfet ou son délégué, un membre du conseil général, un membre du conseil d'arrondissement, un ingénieur des ponts et chaussées, un agent forestier, deux propriétaires appartenant aux communes intéressées, en tout sept membres.

Pensant que l'élément communal n'est pas suffisamment représenté dans cette commission, M. Chevandier voudrait que le conseiller général et le conseiller d'arrondissement fussent nécessairement ceux du canton dont dépend la commune où l'on opère; que les deux propriétaires fussent désignés par le conseil municipal de ladite commune. Ainsi l'intérêt local aurait 4 voix sur 7, la majorité dans la commission. C'est le contraire qui se fait habituellement. Dans la loi du recrutement, pour la révision, le seul conseiller général qui ne pût assister le préfet était celui du canton intéressé.

A cette commission ainsi composée, qui, dans la loi de 1860, n'avait qu'un rôle temporaire, la proposition crée une situation et des attributions permanentes. La commission ne donne plus de simples avis : elle prend des décisions sur les cas les plus graves. C'est elle qui prononce la réintégration des propriétaires et qui reconnaît, même avant l'expiration du délai de vingt ans, la défensabilité des massifs nouvellement créés. A ce titre, c'est un délégué nouveau de la puissance publique substitué à l'Administration forestière, chargée expressément de ce soin par le Code forestier. Composée comme elle l'est, comment la commission résistera-t-elle aux sollicitations, aux prières, aux suggestions intéressées des populations locales dont elle sera le mandataire et l'organe?

La commission a en outre le droit de statuer sur les demandes de substitution du gazonnement au reboisement faites par les propriétaires.

A ce titre encore, elle sera exposée aux plus âpres exigences, et, chose singulière, composée comme elle l'est, avec une représentation inégale en force des intérêts en présence, on la constitue juge administratif! On l'érige en tribunal administratif, car il peut être appelé de ses décisions au conseil de préfecture, sauf recours au Conseil d'État, au contentieux.

Sans discuter ici la valeur et les garanties juridiques que cette commission, très-compétente au point de vue technique, peut présenter au contentieux; sans rechercher si un contentieux peut s'élever sur le mode d'exécution et la détermination des travaux publics; sans examiner si la substitution de cette juridiction contentieuse au recours par la voie gracieuse qu'ouvrait la loi devant le préfet, puis devant le Ministre des finances, assisté de l'avis de la section des finances du Conseil d'État, ne constitue pas une grave hérésie juridique et légale, je me bornerai à faire remarquer que la composition et les attributions de la commission sont de nature à lui permettre de modifier entièrement, quand elle le voudra, de paralyser entièrement l'exécution des travaux obligatoires de reboisement; qu'à une œuvre d'utilité publique, il lui sera facile, et elle en sera tentée chaque jour, de substituer une entreprise profitable à l'industrie pastorale et de la faire payer par l'État.

Cette préoccupation exclusive des garanties à offrir à l'intérêt local, cette protection poussée jusqu'à l'injustice, des populations pastorales contre les empiétements à craindre de l'intérêt public, sont d'autant plus difficiles à expliquer, qu'à plusieurs reprises, l'auteur des mesures constate, pour en tirer argument, le caractère d'utilité publique des opérations du reboisement obligatoire.

« On avait complétement perdu de vue, dit-il, page 5 de sa proposi-
« tion, plusieurs points de cette question, notamment la large part qu'y
« tenait l'utilité publique... »

« . . . . . . « Il est inutile d'insister davantage pour indiquer jusqu'à quel
« point l'intérêt public est engagé dans la qustion, et combien il do-
« mine les intérêts particuliers (page 7). »

Il y a contradiction à proclamer en théorie cette prédominance des
intérêts généraux et à organiser de toutes pièces dans la pratique et
dans la loi la prédominance des intérêts locaux.

La proposition [ne prévoit et ne règle pas d'ailleurs, plus que la loi
ne l'avait fait, la question de savoir qui contribuera à l'entretien et à la
conservation des travaux.

Si à cette lacune sur un point essentiel vous ajoutez l'injustice com-
mise envers l'État, dans la répartition de la dépense, et le luxe excessif
de garanties prises pour que les opérations ne nuisent pas à l'industrie
pastorale, pour qu'elles lui servent même à peu près exclusivement, sans
s'occuper autrement de la protection des vallées inférieures et des mesures à prendre contre les inondations, vous estimerez, je le pense,
Monsieur le Ministre, que l'adoption du système de l'honorable M. Chevandier ne doit pas être recommandée au pouvoir législatif.

Il est d'ailleurs possible d'obtenir les améliorations que ce projet recherche sans sacrifier les intérêts de l'État.

On va voir comment.

CHAPITRE VI.

GAZONNEMENT ET FRUITIÈRES.

On a reconnu qu'il n'était pas équitable que la loi mît les particuliers
et les communes en demeure de faire ou de payer, soit en argent, soit en
nature, des travaux que le danger public rendait obligatoires, alors surtout que la charge en devait peser sur les générations présentes, le bénéfice profiter à l'avenir.

Le projet de loi qui vous est soumis supprime, Monsieur le Ministre,
cet inconvénient.

On a vu qu'éventuellement l'État lui-même pouvait éprouver, par l'application de la législation actuelle, un préjudice considérable.

Le projet de loi supprime également l'éventualité de ce préjudice.

On a dit enfin que les lois de 1860 et de 1864 avaient omis de dé-

cider à qui incomberait le soin et la charge de l'entretien et de la conservation des travaux obligatoires après la restitution des terrains.

Le projet remplit cette lacune.

Il a, en outre, un double but :

1° Faciliter la régénération des pâturages pour laquelle les dispositions de la loi de 1864 n'ont pas été jusqu'ici suffisamment efficaces
(art. 2 du projet);

2° Appliquer aux travaux obligatoires le droit commun en matière
de travaux publics (art. 8 et 11).

Ce sont là les deux dispositions principales du projet de loi. J'essaye-
rai successivement de les justifier.

Qu'est-ce que le gazonnement? Est-ce, comme on le pensait au début
de la loi de 1864, un mode de consolidation des montagnes plus facile,
moins coûteux que le reboisement, moins propre peut-être à régulariser
le débit des eaux, mais aussi efficace pour protéger le sol; qu'on par-
donne le mot, un succédané qu'il y aurait avantage à substituer au reboisement, parce que, causant moins de trouble aux populations, leur
apportant plus de bénéfice, il serait mieux accueilli par elles ?

Ces espérances, que les rapports législatifs de l'époque nous ont fait
connaître, l'expérience ne les a pas confirmées.

Dans les Alpes notamment, si aux altitudes supérieures, à la région
des *montagnes pastorales* proprement dites, au-dessus de la zone des
forêts, le sol se couvre spontanément d'un gazon épais et continu, sorte
de feutre que l'art peut reproduire quand l'homme l'a altéré, il est
reconnu qu'aux régions et aux altitudes moyennes, aux expositions
chaudes, dans les terrains secs, au lieu de ce tapis épais et sans solution
de continuité, on ne trouve et on ne produit, dans les pâturages les
plus riches, qu'un peuplement par touffes espacées à d'assez grands inter-
valles, d'autant plus insuffisantes à couvrir le sol et à le protéger qu'elles
sont, l'été, complétement desséchées au moment des orages.

On ne peut donc espérer de maintenir en pente rapide, avec une cou-
verture aussi imparfaite, un sol inconsistant lavé par l'orage. C'est un
fait acquis aujourd'hui dans les Alpes. Or c'est là le cas le plus général.

A un moindre degré peut-être, mais dans des termes aussi formels,
on a également reconnu dans les Cévennes l'impossibilité d'obtenir

contre le ravinement une protection efficace par le gazonnement seul [1].
On y a constaté que des reboisements seuls pouvaient préparer une restauration efficace des versants escarpés et ruinés.

On le verra partout, même dans les Pyrénées, si exceptionnellement
favorables à la production de l'herbe, partout où l'on rencontre des terrains dans un état de dégradation avancée, aux expositions chaudes, au
sol sec, aux altitudes moyennes. Ce ne sera donc que très-exceptionnellement que le gazonnement seul pourra ou devra être employé à conjurer un danger public, né et actuel, résultant de l'état du sol. Ce ne
sera que très-exceptionnellement qu'il devra être procédé à des gazonne-
ments obligatoires.

Le plus souvent, le gazonnement ne sera employé qu'accessoirement
dans les travaux obligatoires, dans un ensemble d'opérations qui com-
porteront à la fois des ouvrages d'art, des clayonnages et fascinages, des
reboisements, concurremment avec l'emploi du gazonnement.

Mais il ne suit pas de là que l'emploi du gazonnement, limité sous la
forme obligatoire, n'ait pas sous la forme facultative une très-grande
importance.

Alors que le danger n'est pas encore né et actuel, que le sol n'est pas
raviné, quand la pente n'est pas rapide, quand le pâturage se soutient,
le gazonnement facultatif, c'est-à-dire l'amélioration du pâturage, la
régénération du pâturage, est un résultat très-utile à rechercher, très-pré-
cieux, puisque c'est la préservation de l'avenir.

Il importe évidemment à l'État que ce résultat soit obtenu; mais au
fond c'est surtout l'intérêt privé qui y est engagé. La régénération des pâturages ne peut être aux yeux de la loi et n'est en effet qu'une mise en valeur.

Dès lors, et suivant la règle fondamentale, la distinction fondamentale
établie par la loi entre les travaux facultatifs et les travaux obligatoires,
c'est l'intérêt privé qui doit faire et exécuter les travaux que comporte la
régénération des pâturages. Cette amélioration doit être l'œuvre des
propriétaires du sol, s'opérer par la réforme volontaire des méthodes de
culture et d'exploitation. Le propriétaire l'exécutera à son jour, à son
heure, dans les limites de ses ressources, à sa volonté.

Il n'y a pas lieu de la décréter, de la réaliser par voie administrative.

---

[1] Voir Compte rendu 1874, *Monographies,* p. 71.

Dans tous les terrains stables, dans ceux des terrains inconsistants où on
ne signale aucun danger actuel ou prochain, dans le plus grand nombre,
dans l'immense majorité des cas, point d'intervention directe de l'Administration, point d'exécution directe par l'Administration; pas de coercition, pas de travail obligatoire en matière de régénération de pâturage,
de gazonnement, l'emploi des moyens de coërcition, étant réservé pour
les cas où le danger public l'exige.

L'État pourra, il devra même encourager, par tous les moyens dont il
dispose, les travaux de gazonnement facultatif, les subventionner, toutes
les fois que l'utilité publique le comportera, proportionnellement à cette
utilité; mais à ces encouragements, à ces subventions proportionnelles,
il doit borner son rôle, sauf de très-rares exceptions.

S'il en est ainsi, certaines espérances, certains préjugés qui voyaient
dans le gazonnement un travail d'ensemble entrepris par l'Administration aux frais de l'État, au profit des propriétaires intéressés aux travaux et désintéressés de la dépense, pourront peut-être se trouver déçus;
mais, pour le très-grand nombre des populations pastorales, la pensée que
l'Administration n'interviendra pas dans la gestion de leurs pâturages, ne
s'occupera de l'amélioration de leurs prairies que pour les encourager au
progrès et les y déterminer par des subventions, sera de nature à faire
cesser beaucoup des défiances qui ont accueilli la loi, des résistances qu'on
lui a opposées. On peut même dire que les populations pastorales ne de-
viendront favorables à la loi que le jour où cette conviction sera fer-
mement établie parmi elles, et fondée sur des expériences manifestes,
multipliées, décisives.

Mais alors, peut-on dire, l'amélioration du régime pastoral, la régénération des pâturages ne se réalisera pas. La loi restera impuissante, la
situation ce qu'elle est. Les populations des montagnes sont routinières;
elles ne prendront pas l'initiative de la réforme des méthodes de culture
et d'exploitation. Les pâturages des terrains stables s'appauvriront de
plus en plus; les pâturages des terrains inconsistants se dégradant chaque
jour davantage, le danger public apparaîtra, *s'accroîtra* bien vite, les
ruines s'accumuleront.

Dans un sentiment de respect excessif pour les principes, pour les
droits des propriétaires, pour les attributions de chacun, pour des dis-
tinctions établies dans la loi, plus que dans les faits l'Administration

aura assisté passive à ces désordres, que la loi lui confie le soin de faire cesser et de réparer ! Quelle responsabilité !

On verra tout à l'heure s'il est impossible d'obtenir des populations pastorales la réforme de leurs méthodes. Il faut d'abord répondre à ceux qui, reconnaissant que l'exécution directe par l'État, que le gazonnement administratif ne peuvent s'appliquer qu'aux cas très-restreints où il y a danger public, jugent que pour tous les autres on pourrait, dans un but de prévoyance générale bien justifiée, procéder par la voie de la *réglementation du pâturage*.

Le conseil général de l'Isère depuis plus de douze ans s'est prononcé dans ce sens. Il demande que cette réglementation soit décrétée législativement et que la mission de l'opérer soit confiée par la loi à l'Administration des forêts.

L'adoption d'une semblable mesure rencontrerait bien des obstacles. Il serait difficile de mettre dans la loi autre chose que le principe même de la réglementation. On ne peut faire régler par la loi, fût-ce par zones, les époques d'entrée dans les pâturages aux saisons diverses, le nombre des bestiaux à admettre par hectare, les quartiers à assigner aux diverses espèces ; décider qu'ici on élèvera des moutons et des chèvres et là des bœufs et des chevaux. En admettant que, le principe une fois déposé dans la loi, on pût en déterminer l'application par des règlements d'administration publique, par des décrets, au besoin même par une délégation donnée aux arrêtés préfectoraux, il faudrait à ces injonctions nouvelles une sanction ; aux privations qu'elles imposeraient, une compensation ; un personnel enfin pour assurer l'exécution des mesures décrétées.

Où le prendre ce personnel qui devrait contrôler l'industrie pastorale des vingt-six départements au moins de la région montagneuse du reboisement ? Il faudrait élargir d'autant les cadres du service forestier : grosse dépense ! Il faudrait également inscrire au budget les indemnités à payer en raison des privations de jouissance que les retards apportés à l'entrée dans les pâturages de printemps, que la limitation du nombre de bestiaux, que les mises en défends pourraient infliger à tant de propriétaires de terrains ou de bestiaux. Comment refuser les indemnités, alors que les privations de jouissance seraient ordonnées par la loi, évidemment en vue d'un intérêt public. Quelle dépense encore ! Et si, par hasard, on s'arrêtait devant ce surcroît de charges, quelle sanction donner à la loi?

Des peines légères sont inefficaces en pareille matière, l'intérêt les fait braver. Des peines sévères ajoutées à des privations de jouissance non indemnisées, au contrôle et à la réglementation du parcours et de l'exploitation pastorale de la montagne soulèveraient contre l'application de la loi, contre les agents chargés de la mettre en œuvre, les plus invincibles résistances. Ces résistances, nous les avons déjà rencontrées, nous les avons vues aller jusqu'à la révolte ouverte, jusqu'au mépris des ordres de l'autorité et de la magistrature, jusqu'aux violences, à propos d'entreprises infiniment plus modestes, de travaux que la défiance repoussait encore bien plus que le préjudice causé ne les faisait trouver intolérables! Ces résistances, elles se multiplieraient dans la proportion de quelques centaines d'hectares, que nous cherchions à occuper pour les reboiser, aux millions d'hectares de pâturages que renferment les vingt-six départements de la région montagneuse.

Les conseils généraux, placés plus près des populations, auraient-ils plus d'influence sur elles pour faire adopter la réglementation? Le conseil général de l'Isère, qui a le plus insisté sur la nécessité de la mesure, refuse expressément la mission pour lui-même et croit que c'est l'Administration des forêts qui doit en être chargée par une prescription expresse du législateur.

J'estime que la réglementation des pâturages, sauf le cas de danger public, ne peut venir que des propriétaires eux-mêmes, particuliers ou communes, éclairés, encouragés, soutenus par l'État, subventionnés sans doute, mais surtout incités par l'exemple et par leur *intérêt personnel.*

En ce qui concerne les particuliers, tous les forestiers le constatent, M. Surell l'a dit, même dans les pays où les pâturages sont le plus dégradés, les propriétaires ont ménagé leurs propres terrains, la réglementation s'en est faite par la seule inspiration de l'intérêt privé. On surcharge bien le communal, mais on ménage le sien. Qu'on voie en montagne un pâturage florissant, on peut dire d'avance, en toute occasion, avec chance d'être dans le vrai cent fois contre une : C'est une propriété particulière.

La réglementation s'est faite aussi dans quelques communes. Déjà M. Surell citait, en 1840, des cas de mise à la réserve spontanément opérés dans les Hautes-Alpes. Le département des Basses-Alpes offre un exemple saisissant des résultats heureux que peut en obtenir, en montagne, l'initiative privée ou communale. Un maire intelligent et dévoué aux intérêts de sa commune persuada, il y a quatre-vingts ans environ, aux habitants de Saint-Vincent de mettre à la réserve certains quartiers de leur montagne pendant vers l'Ubaye, appauvris, dégradés, dangereux. C'est aujourd'hui une magnifique forêt de mélèze de 800 hectares, et la prévoyance éclairée du maire, la réglementation volontaire du pâturage ont eu un double effet. Sous le feuillage léger, sous l'ombre mobile et fine du mélèze, l'herbe pousse et se plaît. Les heureux habitants de Saint-Vincent ont à la fois une belle forêt et un abondant pâturage.

Dans la même région, à Seyne (Basses-Alpes), la commune a spontanément édicté un règlement de pâturage très-bien fait, très-digne d'être vulgarisé, très-apte à servir de modèle pour toute la région où Seyne est placée. Il s'en rencontre de semblables ailleurs, et l'exemple peut porter ses fruits, le règlement de Seyne ou tout autre règlement se propager.

L'adoption volontaire de ces règlements tracés par le propriétaire résoudrait le problème, sans augmentation de personnel, sans création de dépenses nouvelles, sans dispositions législatives ou réglementaires, sans pénalités. Mais a-t-on l'espoir de voir ces règlements volontaires se généraliser dans l'avenir aussi vite qu'il le faudrait? Pourquoi l'avenir serait-il, à cet égard, plus favorisé que le présent? Pourquoi les populations renonceraient-elles à leurs routines, à leurs préjugés, à leurs défiances? Où trouveraient-elles les lumières et les ressources dont elles auraient besoin?

On peut répondre que la Suisse a connu l'état que nous déplorons et qu'elle en est sortie par l'effort privé. On peut répondre que l'exemple a gagné la Franche-Comté, et qu'au règlement de leurs pâturages nos compatriotes du Jura ont dû de voir s'accroître à la fois chez eux bien-être, instruction, moralité; que cet exemple peut être suivi en France ailleurs qu'en Franche-Comté, dans des conditions tout aussi favorables.

Ce n'est pas sans dessein qu'au début de ce travail on a inséré un résumé des travaux entrepris pour le reboisement volontaire de ses montagnes par la Société d'agriculture du Puy-de-Dôme.

Ce n'est pas sans dessein qu'on a donné le détail de ses travaux, de ses procédés, qu'on a montré quelle assistance généreuse lui avait été prêtée par le conseil général, avec quel zèle le service forestier avait secondé ses vues, ses efforts, ses travaux, ses succès.

Est-il téméraire de penser que cet exemple sera suivi, que ces succès peuvent se reproduire en matière de gazonnement, je veux dire en matière de régénération des pâturages?

A ceux qui exprimeraient quelque doute à cet égard, il n'y a, Monsieur le Ministre, qu'une réponse à faire.

L'exemple a été déjà suivi, un pareil succès est en voie de se reproduire par l'introduction des associations pastorales dites *fruitières* dans la région des Pyrénées.

Préoccupé des conflits incessants que la liberté du parcours, que le pâturage en forêt suscitait entre les populations des montagnes et le service forestier, des dangers que ce pâturage faisait courir aux forêts dont il avait la garde, un agent forestier [1] pensa qu'il était possible de faire cesser ces conflits en substituant le régime des associations pastorales dites *fruitières* au mode vicieux d'exploitation des montagnes dans lequel la routine avait jusque-là cantonné les populations pyrénéennes.

Il se mit résolûment à l'œuvre, entra en relations directes avec les pasteurs, alla leur parler dans la montagne des bienfaits de ce progrès rural, vit les maires, les conseils municipaux, intéressa à ses efforts les hommes les plus considérables du pays. Sa propagande incessante, infatigable, sa foi vigoureuse en son œuvre, son dévouement eurent leur récompense.

Il fut écouté, il obtint l'appui des conseils généraux, des préfets des quatre départements de la région pyrénéenne occidentale.

Dès 1867, une première fruitière était établie dans la vallée d'Aure. De 1867 à 1872, d'autres associations se fondaient avec des fortunes diverses à Aulon (vallée d'Aure), à Juncalas (vallée de Castelloubon), à Cauterets, à Boussenac (Ariége).

Dix sont en voie de préparation dans diverses vallées. Mais il en est trois surtout, à l'occasion desquelles il me paraît utile, Monsieur le Ministre, d'entrer ici dans quelques détails sommaires.

---

[1] M. Calvet, alors garde général à Arreau, aujourd'hui chef de la commission du reboisement et gazonnement des Pyrénées.

La fruitière de Ger (Hautes-Pyrénées) a été fondée par quatre paysans propriétaires qui en ont fait entre eux le capital assez élevé (6,000 francs), qui administrent comme syndics, qui n'ont reçu d'autre subvention que le matériel fourni par le département, qui ont bien géré, bien prospéré : *c'est l'association pastorale dans toute sa vérité.*

A Bielle, vallée d'Ossau (Basses-Pyrénées), même résultat: association par moitié de notables et de paysans pour la formation du capital; bonne gestion des syndics, MM. de Lavilette et Bonnecazes. Celui-ci a fait le voyage de Suisse pour s'instruire en son métier. *Bien tenue et bien gérée, cette entreprise est également prospère, cette association fructueuse.*

A Bagnères-de-Luchon, c'est la municipalité de la ville qui a pris l'initiative de la création d'un chalet d'été dans la vallée de la Pique, sur les herbages appartenant à la commune, à l'hospice de Venasque.

La municipalité dirige elle-même la partie industrielle de l'opération : elle a laissé au service forestier la gestion agricole.

Sous l'inspiration de ce service, 180 hectares de pâturage ont été joints au chalet, ont été soumis à des travaux d'amélioration et, pour que l'État pût venir en aide à ces améliorations, ont été constitués *en périmètre facultatif de gazonnement.*

Il y a là une innovation heureuse sur les avantages de laquelle il est superflu d'insister ici après ce qui a été dit plus haut.

Frappé de ces résultats, l'honorable M. Cézanne proposa à l'Assemblée nationale d'ouvrir au budget de l'Administration des forêts un crédit de 20,000 francs pour favoriser l'établissement des fruitières tant dans les Pyrénées que dans les Alpes.

Comme rapporteur du budget de 1875, vous vous êtes, Monsieur le Ministre, chaleureusement associé à la proposition de M. Cézanne.

L'Administration des forêts, qui avait appuyé de tous ses vœux cette proposition, se hâta d'en appliquer le bienfait en allouant des subventions industrielles ou agricoles aux fruitières des Pyrénées, en créant pour les Alpes un service spécial, destiné à propager cette utile innovation, et qui fonctionne déjà avec succès.

Mais une loi de budget n'affecte qu'un exercice. Ce qu'une loi de budget a fait, une autre peut le défaire. Il importe de consacrer par une disposition formelle écrite dans une loi permanente le bienfait jusqu'ici temporaire et révocable de l'amendement Cézanne.

C'est ce que propose l'article 2 du projet de loi. Il a encore un autre but. Non-seulement, nous avons réparti entre les fruitières des Pyrénées et des Alpes, en subventions industrielles, le crédit de 20,000 francs ouvert par la loi de budget de 1875 et reproduit par celle de 1876; mais nous avons, Monsieur le Ministre, avec votre assentiment, et par voie d'interprétation, fait participer ces associations pastorales, aux subventions prévues par l'article 2 de la loi du 8 juin 1864, pour les travaux de gazonnement facultatif. C'était assurément conforme à l'esprit de la loi; toutefois, le texte ne parlait que de subventions à accorder aux particuliers et aux communes. Il a paru nécessaire de faire figurer expressément le nom des associations pastorales sous la forme la plus générale dans l'article relatif aux travaux facultatifs de gazonnement que l'État peut juger utile de subventionner, de donner à une interprétation libérale de la législation existante, la consécration d'un texte précis.

Nous avons la confiance que la loi, en ouvrant ainsi formellement aux améliorations pastorales en montagne, *volontaires*, individuelles, *collectives* ou communales opérées sans intervention directe de l'État, le droit aux subventions que la loi de 1864 réserve aux particuliers et aux communes, et qu'on croyait à tort destinées surtout à des opérations ayant un caractère administratif, contribuera à faire cesser les défiances, à faire entrer les populations pastorales dans la voie du progrès agricole, à produire, par le seul effet des encouragements et des subventions données aux efforts volontaires, cette réglementation du pâturage qu'il importe tant d'obtenir, qu'il a été si difficile à l'Administration jusqu'ici de réaliser.

Qu'a-t-on à craindre? Beaucoup de demandes de subventions? S'il en était ainsi, la régénération des pâturages, but de la réglementation, serait bien vite obtenue; l'État n'aurait qu'à s'applaudir de ses sacrifices.

CHAPITRE VII.

DROIT COMMUN EN MATIÈRE DE TRAVAUX PUBLICS.

Si la *régénération des pâturages* doit être demandée surtout à l'effort volontaire, ce qui n'exclura ni la mise en défends par l'Administration, ni la réglementation, ni le gazonnement obligatoire, dans les cas où l'intérêt public l'exigera, la régularisation du débit des eaux en montagne, la préservation des vallées inférieures contre les torrents et les inondations, ne peuvent être obtenues que par le *reboisement*. Les deux œuvres doivent marcher de front; mais la plus urgente et la plus considérable, c'est le *reboisement*.

L'étude sur les torrents des Hautes-Alpes l'a démontré. Le rapporteur de la loi de 1860 le reconnaissait. Il y a longtemps que c'est en Suisse une vérité incontestée. On commence à l'admettre en France, même dans la région intéressée, surtout dans la région intéressée [1]. On le reconnaît surtout au lendemain des inondations. Nous sommes à l'un de ces jours-là.

Après avoir pris les mesures nécessaires, les dispositions les plus précises dans la loi pour faciliter la régénération des pâturages, il faut seconder le reboisement par des mesures aussi efficaces; il faut que l'État, chargé de défendre le pays contre les inondations, trouve dans la loi les moyens de faire ces travaux partout où ils sont nécessaires, avec la rapidité et l'intensité qu'ils exigent. Sans sacrifier les intérêts privés aux intérêts publics, sans sacrifier non plus l'État aux communes ou aux particuliers, il faut attribuer par un texte précis à qui doit la porter la charge de l'entretien et de la conservation d'ouvrages coûteux et indispensables. Surtout, il faut à la tâche proportionner l'instrument.

La législation actuelle ne remplit pas ce programme.

Le système proposé par l'honorable docteur Chevandier ne le remplit pas davantage. Nous en avons donné les motifs.

A défaut de la législation actuelle et de celle que la proposition de 1874 a préparée pour lui être substituée, législations reconnues toutes deux incomplètes dès aujourd'hui, et portant éventuellement d'injustes conséquences, j'ai dû rechercher si, dans les modes d'exécution et de payement que nos lois ont consacrés pour d'autres classes de travaux publics, les intérêts engagés rencontreraient plus de sollicitude, l'intérêt public plus de garanties.

J'ai examiné successivement à ce point de vue la loi du 16 septembre 1807 sur le desséchement des marais, le décret du 10 décembre 1810

---

[1] Ont demandé spontanément des travaux de défense :

Basses-Alpes : Digne, Sisteron, Castellane, Barcelonnette, Saint-André, la Motte-du-Caire, les Mées, Valonne, Saint-Paul, Entrevaux.

Hautes-Alpes : Gap, la Bâtie-Neuve, Jarjayes, Vitrolles, Manteyer, Veynes, Villard, Villard-d'Arène, Guillestre, Loubières, Briançon, le Monestier-de-Briançon, Montmaur, Molines-en-Champsaur, etc. etc.

sur les dunes, la loi du 6 décembre 1850 sur le partage des terres vaines et vagues de Bretagne, les lois du 19 juin 1857 sur la plantation des dunes de Gascogne, et du 28 juillet 1860 sur la mise en valeur des terrains communaux.

J'ai été amené à reconnaître qu'il est difficile d'appliquer au reboisement aucune des législations ci-dessus énumérées.

La loi du 16 septembre 1807 stipule que le défrichement des marais pourra être exécuté par l'État ou par des concessionnaires; les propriétaires, en reprenant possession des terrains desséchés, remboursent en argent le montant des avances faites, ou payent, par un prélèvement en nature, le prix des travaux, avec application du principe de la plus-value.

Entre le desséchement des marais et le reboisement, il y a des analogies, mais encore plus de différences. Au moment où l'État les prend, les marais sont improductifs dans les mains du propriétaire. Les terrains à reboiser ont pour ceux qui les possèdent une valeur comme pâturage que ces propriétaires exagèrent sans doute, mais qu'il est difficile de contester. Quand l'opération est terminée, le revenu des marais desséchés est prochain et assuré; le propriétaire peut faire son compte, payer suivant son intérêt, en nature ou en terrain. Les terrains peuvent être classés par zones d'amélioration, la part contributive de chacun peut être équitablement fixée. L'utilité publique exige la conservation des travaux, mais l'intérêt du propriétaire en répond. Toute autre est la situation des terrains reboisés. L'influence des travaux s'étendra souvent bien au delà des terrains sur lesquels on les opère, à une vallée, un bassin tout entier. Il est impossible de déterminer exactement quelle part de protection reçoit chaque parcelle garantie, d'établir des zones, de fixer surtout des parts contributives à la dépense, alors que le revenu, bien loin d'être assuré, prochain, considérable, comme pour les marais défrichés, est assurément bien éloigné. Enfin l'intérêt du propriétaire réintégré peut être contraire à la conservation du reboisement; qu'il sera tenté de livrer au pâturage. La combinaison fût-elle donc plus avantageuse aux intéressés, les difficultés d'application de la plus-value la rendraient impraticable. L'intérêt de la conservation des travaux s'opposerait à son adoption.

Ce qui est vrai pour l'exécution et le payement des travaux de desséchement des marais l'est aussi pour l'exécution et le payement des autres travaux prévus par les articles subséquents de la loi du 16 septembre

1807, pour l'ouverture d'un canal, la construction d'une route, l'établissement d'une digue ou d'un pont. Dans toutes ces opérations, la plus-value peut être déterminée avec quelque chance de certitude, comme aussi la part d'amélioration que reçoit immédiatement chacune des propriétés qui bénéficient de l'opération. Rien de semblable ne se présente en matière de reboisement.

Le décret de 1810 sur les dunes prévoit l'exécution directe des travaux par l'État seul, la restitution pure et simple par le propriétaire des avances faites, sans option pour le payement en nature. Il n'offre donc aux communes ni aux particuliers aucun avantage que ne présente la législation actuelle du reboisement.

Il serait moins favorable à l'intérêt public, puisqu'il reste muet sur la question d'entretien et de conservation que garantit en matière de plantation de dunes, que compromet en matière de reboisement l'intérêt du propriétaire.

Le partage prescrit par la loi du 6 décembre 1850 pour les terres vaines et vagues de Bretagne, indivises quoique soumises à certains droits individuels, aurait-il des conséquences heureuses, appliqué aux pâturages communaux situés en montagne? On peut le penser, on peut discuter la question. Mais on ne pourrait demander aux acquéreurs de ces terrains d'autres travaux que ceux nécessaires à la défense et à la mise en valeur de leurs propriétés nouvelles. On ne pourrait, avec quelque chance de succès, leur offrir cette acquisition en y mettant pour condition de se charger de la défense des propriétés inférieures contre les torrents ou les inondations.

Il a été parlé plus haut de la loi du 19 juin 1857; comme cette loi, celle de juillet 1860, relative aux communaux, ne vise qu'une mise en valeur pure et simple. Ni pour l'exécution des travaux, ni pour le remboursement des avances, elle n'offre aux propriétaires, aux communes ou à l'État des conditions plus avantageuses que la législation existante.

La solution que les législations parallèles ne donnent pas plus que la loi actuelle, où la trouver?

La solution satisfaisante demandée en vain à la législation actuelle, à la proposition de 1874, aux diverses lois qui viennent d'être analysées, doit être cherchée dans la détermination précise du caractère légal des travaux dont il s'agit d'assurer l'exécution et le payement.

Or, ils sont motivés par un danger public : ils sont à ce titre ordonnés par la loi ; par suite, ils comportent l'exécution d'urgence, et doivent être payés par le Trésor public. Ce sont de véritables *travaux publics.*

On l'a indiqué plus haut : il faut l'établir ici, pour tirer de cette détermination précise du caractère des travaux toutes ses conséquences légales.

Quelques mots d'abord sur les dangers à combattre, sur l'urgence des travaux.

La ville de Barcelonnette est menacée de ruine par deux grands torrents qui se jettent en face l'un de l'autre dans l'Ubaye, à moins d'un kilomètre de son enceinte. Elle a failli être enlevée en octobre 1868 par une crue simultanée des deux torrents qui a poussé l'eau presque dans ses murs. Est-il urgent de la mettre à l'abri ?

Voici un autre degré et une autre nature d'urgence, un exemple de la rapidité avec laquelle se dégradent les montagnes des Alpes. La route nationale n° 93, de Valence à Sisteron, longe la Drôme et son affluent le Maravel sur 14 kilomètres, entre Luc et Beaurères. Elle a été établie *en 1836.* Au moment de la construction, la chaussée, protégée contre les érosions par de fortes digues en pierre, *était à 3 mètres au-dessus de l'étiage ; aujourd'hui le lit de la rivière est à 1 mètre en contre-haut du niveau de la chaussée.* A la suite des inondations de 1872, la Drôme s'est répandue sur la route, qu'elle a dégradée ou emportée sur un grand nombre de points. Il est nécessaire maintenant, pour assurer les communications sur cette route, qui *est le trait d'union entre les départements de la Drôme et des Hautes-Alpes,* de construire de nouvelles digues et *d'élever de plus de 2 mètres le niveau de la route.* La dépense est évaluée par les ingénieurs à plus de 400,000 francs. *Elle devra être renouvelée* dans un délai assez rapproché, si l'on n'arrête pas l'exhaussement des graviers, dont la marche est devenue très-rapide depuis quelques années.

Le seul remède efficace est de retenir les terres sur les versants des montagnes à l'aide du reboisement. Est-il urgent d'y procéder ?

Faut-il multiplier les exemples ?

Ce qui est vrai des Alpes, où je puis chercher des arguments dans les travaux que l'Administration des forêts a étudiés ou entrepris, est également vrai dans les Pyrénées : faut-il laisser se renouveler des catastrophes comme celles de Verdun (Ariége) ? Vrai dans les Cévennes ; A-t-on oublié, à moins d'une année de distance, le désastre de Saint-Chigan (Hérault) ?

Voilà donc bien le danger public dont a parlé la loi de 1860, danger à la fois local et général, tangible sur place à sa source, non moins tangible au loin dans tout le reste du pays, qu'il faut combattre à sa source, et qu exige les plus grands efforts.

Est-il besoin de disserter longuement pour prouver que des travaux qu'exige la loi pour conjurer un danger public sont des travaux publics?

Il y aurait doute sur la question de savoir si ce sont des travaux publics, ces travaux qui protégent les routes contre les assauts furieux des torrents des Alpes !

Il y aurait doute sur la question de savoir si ce sont des travaux publics, ces travaux qui arrachent à une ruine imminente, à une catastrophe inévitable, les cultures, les hameaux, les villages, les villes !

Les endiguements faits dans les plaines et les vallées contre les ravages des inondations, sont-ce des travaux publics ?

En quoi, pour être transportés en montagne, différeraient-ils des travaux de même nature faits dans les vallées et dans les plaines?

Pourquoi le droit commun, l'expropriation vis-à-vis de tous, pleine et entière, accordée à ceux-ci, refusée à ceux-là ?

Est-ce parce que ceux-là sont plus difficiles? car si les endiguements des rivières comptent parmi les œuvres les plus importantes les plus compliquées, les plus hérissées d'obstacles qu'ait à réaliser le corps des ponts et chaussées; en montagne, les difficultés de ces mêmes travaux s'accroissent proportionnellement à la pente, à la vitesse, à la nudité du sol, à son inconsistance !

C'est, dit-on, pour ménager les populations ! pour faire cesser leurs défiances, leurs inquiétudes, leur hostilité !

On n'y arrivera pas. On n'a jamais calmé des populations avec des demi-mesures. Au lieu d'énerver la loi et l'exécution des travaux publics pour ménager l'intérêt pastoral, il faut donner, d'une part, à l'intérêt pastoral les satisfactions auxquelles il a droit; d'autre part, à l'Administration les armes dont elle a besoin pour conjurer un danger public.

Quant à vous, pasteurs ! vos pâturages sont en mauvais état, je vous aide à les améliorer. Vous êtes pauvres, je vais vous enseigner le moyen d'être riches et vous aider dans ce but à transformer en prairies les champs d'exercice de vos moutons que vous appelez pâturages.

Pour l'empêcher d'être désastreuse, on vous trouble dans l'exercice de cette opération, voici une indemnité proportionnelle à la privation de jouissance.

Pour vous sauver, vous, vos voisins, les vallées que vous dominez de vos pics, et les plaines à la suite de ces vallées; pour protéger l'existence et les biens de tant de vos compatriotes, on vous prend vos terrains, en voici le prix, fixé préalablement par le jury, après enquête !

Qu'avez-vous à dire; vous avez le droit commun ?

Mais jusqu'ici les choses ne se passaient de la sorte que jusqu'à la dernière phase de l'opération exclusivement.

Les indemnités pour privation de jouissance étaient bien entrées timidement dans la loi, depuis 1864, à titre de secours facultatif. Elles vont y apparaître comme un droit. En revanche, l'expropriation s'y était faufilée vis-à-vis des propriétaires seulement, et, comme honteuse de son audace, se faisait amnistier par une réintégration possible et réglementée. Elle s'était abaissée devant la résistance locale, et, cédant à des objections qui jusqu'alors n'avaient pas trouvé grâce à ses yeux, elle s'était arrêtée là où il était le plus important qu'elle intervînt. A ce travail du reboisement, plus difficile et plus nécessaire que d'autres, plus urgent, elle avait refusé, non pas même des armes exceptionnelles, mais le droit commun. Il y avait, grâce à ces complaisances, plusieurs degrés d'application de la loi, l'inégalité devant la loi; les communes n'étaient jamais tenues de céder, en matière de reboisement, à l'utilité publique, au danger public jusqu'à l'expropriation. Les propriétaires n'étaient tenus d'y céder qu'un temps.

Pour tous autres travaux la loi faisait fléchir toutes oppositions, toutes résistances, non devant le danger public, mais à la preuve faite de la simple utilité publique.

Faut-il que cette situation se perpétue devant le danger public?

Voici un périmètre obligatoire où les travaux sont terminés.

Au sommet, à la région pastorale, le sol, que couturaient des érosions superficielles, que les premières ravines, origines du torrent, avaient dégradé, a pansé ses plaies; la pelouse le recouvre maintenant sans interruption de son feutre épais et continu.

Plus bas, les semis de pin cembro, et de mélèze, sont défensables. A l'ombre du mélèze se crée une prairie naissante.

Aux expositions nord et dans les terrains frais, l'épicéa et le sapin mêlé au hêtre; le pin sylvestre et le pin noir d'Autriche aux vues chaudes ou dans les sols calcaires; le châtaignier dans la silice, le chêne dans les régions inférieures sont installés par bouquets, par zones, par massifs. Entre eux s'étend ici un gazonnement plus ou moins serré de sainfoin ou de fétuque, là un buissonnement d'hippophaë, d'épine-vinette, de bugrane, de lavande, de buis.

Des sentiers permettent de parcourir rapidement tout le périmètre, de se porter, dès qu'il le faut, sur les points menacés. Enfin, de puissants barrages ont dompté le torrent, ont modifié son profil en long, racheté une partie de sa pente, appuyé les terres en mouvement. Des crues successives ont éprouvé la solidité des ouvrages, et les dépôts de ces crues arrasant en amont les barrages sont plantés de saules, de peupliers, d'aulnes noirs, de tilleuls, de trembles. Des clayonnages défendent les berges écrêtées, soutenues par des fascinages et plantées. Le torrent devenu docile, ayant abandonné ses dépôts aux places qu'on lui a prescrites, n'affouille plus; les eaux s'écoulent claires et ralenties à la sortie des bois de création nouvelle.

Le danger n'existe donc plus, ni pour la montagne, ni pour la vallée au-dessous. Il est temps de restituer les terrains occupés.

Le propriétaire est rentré dans son domaine.

De la tête du barrage, il fait l'ouverture d'un canal d'irrigation; il prend des pierres dans le barrage pour caler sa vanne de prise d'eau; il coupe les plantations de la berge qui gênent l'arrivée de l'eau dans son canal; et, pour n'avoir pas à y revenir, il les arrache.

Peut-on l'en empêcher? il est chez lui. Faut-il l'en empêcher? Quel est le plus sûr moyen de l'en empêcher?

Voilà un conseil municipal où se rencontre un esprit pointu, une majorité mal disposée.

Cela s'est vu parfois, en France comme ailleurs, en montagne comme en plaine.

Pour constituer un barrage, on a dû lui prendre tout ou partie de quelque berge; pour défendre une croupe de montagne qui allait glisser sur la couche d'argile où elle repose, on l'a plantée. Le terrain a été occupé en vertu de la loi de 1860 ; en vertu de cette loi aussi il est rendu, les travaux finis.

Mais ces travaux ont été traversés par quelques incidents fâcheux. On n'a pu opérer que par vingtième, on n'a pu faire les ouvrages d'en haut assez à temps pour protéger ceux d'en bas ou réciproquement ; des barrages ont croulé, des semis ont été balayés par un orage, des plantations déchaussées. L'Administration, qui avait prévu ces traverses, avait demandé à acquérir à l'amiable ces terrains. Le conseil s'y était refusé. Aux malfaçons dont il a été cause, aux retards qu'on a subi par suite de sa mauvaise volonté, aux accidents qu'elle a entraînés, il est fort indifférent. On lui a rendu les terrains, on y a réglé le pâturage, il en gémit. Il y a des travaux à entretenir et à conserver, il n'en a cure ; ils se dégradent, ils périclitent, ce n'est pas son affaire. Ils se ruinent et voilà un désastre !

Eh bien, recommencez ! c'est la seule arme que la loi vous donne, c'est le seul parti qu'elle vous permette de prendre !

Quoi donc ! Est-ce que vis-à-vis d'un travail public, la commune n'est pas un propriétaire comme un autre, qui ne doit pas être traité autrement qu'un autre, qui ne peut exiger autre chose que le droit commun ?

Quoi donc ! Est-ce qu'on n'exproprie pas tous les jours une commune pour une route ? On ne l'exproprierait pas pour faire les travaux qui défendent la route, sans lesquels la route n'existerait pas ? On exproprie les communes pour ouvrir une rue, une place, pour bâtir un pont ; on ne les exproprierait pas pour la défense et la sécurité de la ville dans laquelle se trouvent cette rue, cette place, ce pont ?

Mais, va-t-on dire encore, quelle mainmise sur la montagne ! Quelles excessives dépenses !

Il sera toujours facile au Ministre des finances de les régler, aux assemblées d'arrêter l'entraînement auquel le Ministre n'aurait pas résisté. Les 1,500,000 ou 1,600,000 francs qu'on nous accorde, répartis sur dix-sept départements, entre la dépense d'expropriation et la dépense d'exécution, ne nous permettront pas de faire passer dans le domaine de l'État une portion trop considérable de la montagne.

D'ailleurs, ce n'est qu'à titre de remède extrême, et quand l'acquisition amiable ne nous aura pas permis de prendre possession de terrains reconnus indispensables, que l'Administration fera de l'expropriation, vis-à-vis des communes, un usage aussi modéré dans l'avenir qu'il l'a été, dans le passé, vis-à-vis des particuliers.

1,059 hectares ont été acquis de 1860 à 1875 par voie d'expropriation contre les particuliers, pour une somme de 168,434 francs.

Pendant ce même temps, nous avons acquis à l'amiable 3,170 hectares; en y ajoutant les acquisitions autorisées mais non encore liquidées, 3,773 hectares, à des conditions de prix presque analogues.

Le rapprochement de ces prix semble indiquer que nos opérations amiables ou non ne se sont pas sensiblement éloignées de la valeur réelle des immeubles.

Le montant total de ces dépenses indique avec quelle réserve l'Administration forestière a usé des pouvoirs que la loi lui conférait et paraît présenter des garanties pour l'avenir.

Si les particuliers ne sont pas lésés, si les communes ne le sont pas davantage, par l'application du droit commun, pourquoi l'État renoncerait-il aux avantages considérables qu'il a le droit d'attendre en cette matière de l'application du droit commun?

Exécution plus rapide, par conséquent, diminution des frais d'entretien et des *risques* pendant la période où les ouvrages restent incomplets : considération toujours importante pour des barrages, pour des opérations de consolidation à faire d'ensemble.

Rapports plus faciles avec les populations, chacun étant maître chez soi; pas d'hypothèques menaçantes pesant sur l'avenir des communes, pas de liquidations compliquées, pas de redditions de compte laborieuses et contestées, pas de partages onéreux ou funestes.

La conservation des travaux assurée. En regard des charges de l'entretien, le bénéfice des opérations, si elles en donnent.

Ce droit commun que nous demandons, l'exposé des motifs de la loi de 1860, après M. Surell, la commission du Corps législatif en 1864, le réclamaient déjà. Le corps forestier est unanime pour en proclamer l'urgente nécessité. Le législateur suisse en a armé le pouvoir fédéral pour les travaux de défense et de protection en montagne, travaux analogues aux nôtres, qui ont précédé les nôtres. Elle donne non-seulement à l'État la possibilité de demander l'expropriation, mais elle reconnaît au propriétaire le droit indiscutable de l'exiger.

C'est pour tous ces motifs qu'arrivés à l'époque indiquée par M. Chevandier de Valdrôme, en face des difficultés qu'il avait prévues, nous venons, avec confiance, Monsieur le Ministre, vous prier de demander au législateur ces mesures plus larges dont lui-même signalait d'avance la nécessité.

Par l'article 2, l'extension, des facilités nouvelles et des subventions plus larges sont offertes aux populations pastorales pour la régénération volontaire de leurs pâturages.

Les articles 8 et 11 consacrent pour l'exécution de travaux exceptionnellement difficiles, d'une urgence incontestée, l'application du droit commun.

Le surplus des dispositions nouvelles ne comporte que des explications sommaires. Les exemptions d'impôt qu'édicte l'article 6 étaient déjà inscrites dans l'ancienne loi. L'article 12 définit et limite la mesure de la mise en défends sous la forme même où elle était déjà demandée dès 1840, dans l'étude sur les torrents des Hautes-Alpes. Les lois du budget ont prescrit en 1872 la suppression du budget extraordinaire des recettes; en fait, depuis cette époque, les dépenses du reboisement sont payés sur l'ensemble des crédits. Il faut à tout changement de législateur, de régime, une période transitoire. Il a paru opportun de laisser aux communes et aux particuliers placés sous le régime de l'ancienne loi l'option entre celle-ci et la loi nouvelle (article 14). Ce sera un critérium pour les juger toutes deux. La fusion des deux lois s'explique d'elle-même. C'est une simplification que, dès 1870, dans la deuxième édition du livre de M. Surell, l'honorable M. Cézanne recommandait à l'attention du législateur.

Savant, habile, dévoué, ayant ses cadres organisés, ses méthodes, ses procédés, ses ouvriers, ses contrôles, agissant sur un espace précis et restreint, sans entraves quelconques, sans conflit possible, grâce aux pouvoirs, cette fois suffisants, dont il aura été armé par la loi nouvelle, grâce à la large part qu'elle aura faite aux intérêts qui jusqu'ici l'avaient combattu, le personnel du reboisement se montrera, je puis l'affirmer, à la hauteur de la tâche croissante que lui tracent les maux présents, l'appréhension de maux plus grands encore, l'adhésion des intéressés se multipliant avec leurs craintes, l'appui du Gouvernement, des Chambres et de l'opinion publique.

Le Ministre de l'agriculture disait, le 12 septembre 1875, à la société d'agriculture de Montbrison :

Les besoins de votre agriculture tels que vous les avez constatés vous-même ne pouvaient-ils pas se résumer en deux mots ? « Pour les montagnes, plus de forêts; pour les plaines, plus de pâturages ! »

On lit dans un rapport en date du 15 juillet 1875, adressé au Ministre des travaux publics par M. Compaing, inspecteur général des ponts et chaussées, sur les inondations des Pyrénées, les lignes suivantes par lesquelles je terminerai :

. . . .

« Le reboisement des montagnes est, suivant nous, l'unique moyen de « sauver les plaines du fléau des inondations.

« L'industrie pastorale s'y est opposée seule jusqu'ici. Elle ne résistera « pas, nous l'espérons, aux cris de douleur qui viennent de se faire en-« tendre. »

En conséquence, j'ai l'honneur de soumettre au Ministre les conclusions du présent rapport tendant à la révision des lois du 28 juillet 1860 et du 8 juin 1864, et qui pourraient servir de base à un projet de loi à soumettre aux Chambres, si le Ministre voulait bien les revêtir de son approbation.

Je suis, avec respect,

Monsieur le Ministre,

votre très-humble et très-obéissant serviteur,

Le Directeur général de l'Administration des Forêts,

H. FARÉ.

PROJET DE RÉVISION

DES LOIS DU 28 JUILLET 1860 ET DU 8 JUIN 1864

SUR

LE REBOISEMENT ET LE GAZONNEMENT

DES MONTAGNES.

ARTICLE PREMIER.

Des subventions peuvent être accordées aux communes, aux établissements publics et aux particuliers pour le reboisement des terrains situés sur le sommet et sur la pente des montagnes.

ART. 2.

Des subventions et primes en argent peuvent également être accordées à toute entreprise particulière, communale ou collective, telles qu'associations pastorales, fruitières, etc., qui présente pour la consolidation des terrains en montagnes et la régénération des pâturages des avantages reconnus au point de vue de l'intérêt général.

ART. 3.

L'importance de ces subventions est réglée d'après l'utilité des travaux et en tenant compte pour les communes, les établissements publics et les associations pastorales, etc., de leurs ressources, de leurs sacrifices et de leurs besoins, ainsi que des sommes allouées pour lesdits travaux par les conseils généraux et les sociétés d'agriculture et autres.

ART. 4.

Les terrains appartenant aux communes et aux établissements publics, sur lesquels des travaux de reboisement ou de gazonnement sont entrepris à l'aide de subventions allouées par l'État, sont de plein droit soumis au régime forestier.

Ces travaux ainsi que ceux de conservation et d'entretien sont exécutés sous la direction, le contrôle et la surveillance des agents forestiers.

ART. 5.

Les primes en argent accordées à des particuliers ne peuvent être délivrées qu'après que l'exécution des travaux a été régulièrement constatée.

ART. 6.

Le paragraphe 1er de l'article 224 du Code forestier, qui autorise le défrichement des jeunes bois pendant les vingt premières années après leur semis ou plantation, n'est pas applicable aux reboisements effectués avec subventions ou primes accordées par l'État, en exécution de la présente loi.

Mais les bois ainsi créés bénéficient des dispositions de l'article 226 du Code forestier et sont exemptés d'impôt pendant trente ans.

ART. 7.

Les terrains restaurés avec primes ou subventions de l'État sont interdits au pâturage jusqu'à ce que l'Administration en ait reconnu la défensibilité dans les conditions énoncées à l'article 119 du Code forestier.

Les propriétaires d'animaux trouvés en délit sur ces terrains seront poursuivis conformément aux dispositions des articles 199 et 201 du Code forestier.

ART. 8.

Lorsque l'intérêt public exige que des travaux de consolidation, de reboisement ou de gazonnement soient rendus obligatoires dans les montagnes par suite de l'état de dégradation du sol ou des dangers auxquels sont exposés les terrains inférieurs, ces travaux sont exécutés par les soins de l'État.

Il est procédé dans les formes suivantes :

ART. 9.

Un décret rendu en Conseil d'État déclare l'utilité publique des travaux et fixe le périmètre des terrains sur lesquels ils doivent être exécutés.

Ce décret est précédé : 1° d'une enquête ouverte dans chacune des communes intéressées ; 2° d'une délibération des conseils municipaux de ces communes prise avec l'adjonction des plus imposés ; 3° de l'avis d'une commission spéciale nommée par un arrêté préfectoral et composée du préfet ou de son délégué, d'un membre du conseil général, d'un membre du conseil d'arrondissement, d'un ingénieur des ponts et chaussées ou des mines, d'un agent forestier et de deux propriétaires appartenant aux communes intéressées ; 4° de l'avis du conseil d'arrondissement et de celui du conseil général.

Le procès-verbal de reconnaissance des terrains, le plan des lieux et l'avant-projet des travaux, proposés par l'Administration des forêts avec le concours d'un ingénieur des ponts et chaussées ou des mines, restent déposés à la mairie pendant l'enquête dont la durée est fixée à trente jours. Ce délai court à partir de l'arrêté préfectoral qui prescrit l'ouverture de l'enquête et la convocation du conseil municipal.

ART. 10.

Le décret est publié et affiché dans les communes intéressées. Le préfet fait en outre notifier aux communes, aux établissements publics et aux particuliers un extrait du projet contenant les indications relatives aux terrains qui leur appartiennent.

ART. 11.

L'État est tenu soit d'acquérir à l'amiable, soit d'exproprier les terrains compris dans les travaux obligatoires, en remplissant les formalités prescrites par les titres II et suivants de la loi du 3 mai 1841.

ART. 12.

Les communes, les établissements publics et les particuliers conservent la libre jouissance de ceux de leurs terrains sur lesquels des travaux ne sont pas entrepris.

Toutefois, si l'intérêt public l'exigeait, l'Administration des forêts pourrait mettre temporairement en défends une partie de ces terrains; l'État serait tenu, dans ce cas, d'allouer aux propriétaires de ces terrains des indemnités pour privation temporaire de pâturage.

Ces indemnités sont fixées par les décrets déclaratifs de l'utilité publique.

La durée de la mise en défends prévue par cet article ne pourra dépasser dix ans.

ART. 13.

Il sera pourvu aux dépenses nécessitées par la présente loi au moyen des ressources ordinaires du budget.

ART. 14.

Les lois du 28 juillet 1860 et du 8 juin 1864 sont abrogées.

En ce qui concerne les périmètres décrétés antérieurement à la présente loi, et dans lesquels des travaux sont en cours d'exécution, les communes, les établissements publics et les particuliers auront la faculté de requérir l'application de la loi nouvelle.

Cette option devra être notifiée à l'Administration des forêts dans un délai de six mois, à partir du jour de la promulgation de la présente loi.

A l'égard des communes, établissements publics et particuliers qui n'auraient pas fait connaître cette option dans le délai prescrit, les lois du 28 juillet 1860 et du 8 juin 1864 continueront à recevoir leur entier effet.

L'État aura la faculté de payer le prix en un certain nombre d'annuités dont le montant, pour chacune, ne pourra pas être inférieur au
dixième de la valeur totale attribuée aux terrains acquis.

Les annuités non payées porteront intérêt à 5 p. o/o l'an, mais l'État
aura toujours la faculté de se libérer en tout ou en partie.

ART. 15.

Un règlement d'administration publique déterminera les mesures à
prendre pour l'application de la présente loi.

ANNEXE N° 1

TABLEAU

des communes sur le territoire desquelles ont été décrétés des périmètres de travaux obligatoires dans les départements des Hautes-Alpes et de la Drôme, avec l'indication de l'étendue totale du territoire des communes, de la contenance des périmètres et du nombre moyen d'hectares mis en défends pendant les trois dernières années.

NOMS DES COMMUNES.	NOMBRE D'HECTARES du territoire de la commune.	NOMBRE D'HECTARES compris dans le périmètre.	NOMBRE MOYEN d'hectares mis en défends pendant les 3 dernières années.	OBSERVATIONS.
	hect.	h. a. c.	h. a.	
DÉPARTEMENT DE LA DRÔME.				
Aix	1,649	212 19 00	62 00	
Barnave	1,306	241 35 00	37 00	
Beaumont	1,767	191 07 00	83 00	
Bonneval	1,916	689 18 55	308 00	
Boulc	2,266	451 06 62	409 00	
Châtillon	2,802	295 99 60	195 00	
Glandage	5,211	1,212 12 30	835 00	
Jonchères	1,667	340 98 00	129 00	
Luc	2,349	815 72 50	355 00	
Lus-la-Croix-Haute	8,720	1,101 29 10	777 00	
Marignac	1,826	495 10 00	122 00	365 hectares de terrains particuliers sur lesquels des reboisements facultatifs ont eu lieu sont mis en défends.
Menglon	3,647	1,116 99 47	525 00	
Miscon	1,266	575 35 00	254 00	
Molières	286	66 25 00	0 22	66 hectares de terrains particuliers sur lesquels des reboisements facultatifs ont eu lieu sont mis en défends.
Montmaur	1,280	301 10 00	78 00	
Poyols	1,335	289 37 00	107 00	
Treschenu	6,981	257 39 10	33 00	
La Bâtie-Crémezin	452	202 98 00	13 00	La mise en défends n'a eu lieu qu'à partir de 1874.
La Bâtie-des-Fonts	1,212	261 90 00	13 00	*Idem.*
Fourcinet	8 9	453 45 00	24 00	*Idem.*
Laval-d'Aix	2,005	191 26 00	40 00	*Idem.*
Les Prés	1,660	559 10 00	136 00	*Idem.*
Valdrôme	4,151	1,279 21 00	58 00	*Idem.*
TOTAUX	56,643	11,600 43 24	4,593 22	

NOMS DES COMMUNES.	NOMBRE D'HECTARES du territoire de la commune.	NOMBRE D'HECTARES compris dans le périmètre.	NOMBRE MOYEN d'hectares mis en défends pendant les 3 dernières années.	OBSERVATIONS.
	hect.	h. a. c.	hect.	
DÉPARTEMENT DES HAUTES-ALPES.				
Baratier..............	1,599 03	112 49 80	112	
Saint-Sauveur.........	2,440 19	217 00 30	90	
Les Orres............	7,490 04	634 24 50	227	
Embrun.............	3,666 84	530 00 00	498	
Vars...............	8,973 42	2,253 60 00	140	
Guillestre............	5,141 20	349 46 00	38	
Risoul..............	3,029 92	45 12 46	35	
Idem...............	//	44 03 00	44	
Prunières............	1,512 27	317 67 10	317	
Saint-Appolinaire......	754 11	327 17 53	327	
Savines	3,047 11	99 82 32	100	
Idem...............	//	102 80 16	102	
Puy-Saint-Eusèbe......	1,131 46	413 82 73	67	
Réallon	7,140 06	1,473 05 83	433	
Ancelle	5,065 98	282 72 80	283	
La Bâtie-Neuve	2,809 05	781 82 57	135	
Rémollon............	645 74	266 75 80	267	
Espinasses...........	1,377 30	807 11 47	807	
Théus	1,657 64	363 71 30	360	
Rousset	1,767 12	1,048 10 43	972	
St-Jean-St-Nicolas......	3,514 42	739 97 25	449	
Orcières.............	9,841 81	6,656 37 00	935	
Champoléon	10,025 17	8,169 00 00	1,165	
Eygliers.............	3,004 39	478 40 08	122	
Montmaur...........	4,885 91	1,308 68 26	507	
Saint-Crépin	4,638 04	1,511 38 13	125	
Molines	4,163 72	1,401 27 70	//	Terrains domaniaux.
Idem...............	//	802 76 90	//	Terrains communaux.
A reporter	99,321 04	31,538 41 42	8,657	

NOMS DES COMMUNES.	NOMBRE D'HECTARES du territoire de la commune.	NOMBRE D'HECTARES compris dans le périmètre.	NOMBRE MOYEN d'hectares mis en défends pendant les 3 dernières années.	OBSERVATIONS.
	hect.	h. a. c.	hect.	
Report.........	99,321 94	31,538 41 42	8,657	
Molines............	//	483 80 35	//	Terrains appartenant à la commune de la Motte.
La Motte..........	1,215 69	473 55 00	//	
Les Costes..........	878 48	200 00 00	67	
Saint-Bonnet........	1,487 79	400 01 00	267	
Bénévent-et-Charbillac..	1,216 78	300 00 00	//	
Rochebrune.........	1,155 66	502 14 53	357	
Puy-Sanières........	1,192 65	247 28 10	//	
Embrun............	//	459 34 92	//	
Les Crottes..........	5,725 64	2,295 40 22	//	
Saint-Léger.........	676 03	178 24 90	//	
Val-des-Prés........	4,478 46	707 41 65	//	
Briançon...........	2,795 70	66 56 64	//	
Puy-Saint-André......	1,534 34	230 40 71	//	
St-Martin-de-Queyrières.	5,552 18	185 93 00	//	
Névache............	14,653 00	2,246 43 13	//	
Abriès.............	7,712 18	808 66 80	//	
Réotier............	2,228 43	99 50 00	//	
Freyssinières.........	9,011 78	2,032 68 00	//	
Champcella.........	3,032 25	22 47 00	//	
Châteauroux........	9,275 00	2,674 88 85	//	
Saint-Clément.......	2,509 95	348 58 40	//	
Embrun............	//	298 97 50	//	
La Fare............	1,028 63	180 80 90	//	
Saint-Julien.........	1,004 27	69 60 60	//	
Saint-Julien.........		54 00 00	//	
St-Michel-de-Chaillol ...	1,678 37	474 10 30	//	
Le Noyer..........	2,148 78	546 97 16	//	
Totaux.......	181,513 98	48,126 21 08	9,348	

ANNEXE Nº 2.

TABLEAU

DE LA

POPULATION DES COMMUNES DE LA DRÔME,

EN 1856, 1861, 1866 ET 1872.

COMMUNES.	POPULATION				OBSERVATIONS.
	EN 1856.	EN 1861.	EN 1866.	EN 1872.	
ARRONDISSEMENT DE VALENCE.					
Alixan..................	2,056	1,988	1,952	1,855	
Barbières..............	562	529	502	518	
Baume-d'Hostrun.........	325	325	310	315	
Beauregard	1,676	1,715	1,630	1,573	
Bourg-de-Péage..........	4,454	4,264	4,517	4,920	
Charpey................	2,582	2,610	2,503	2,376	
Châteauneuf-d'Isère.......	2,312	2,226	2,093	2,082	
Chatuzange.............	1,882	1,871	1,791	1,692	
Eymieux................	802	796	706	713	
Hostun	978	898	887	887	
Marches	676	640	615	617	
Rochef-Samson	1,102	1,094	1,060	1,036	
Saint-Nazaire...........	956	847	879	795	
Barcelonne	324	324	301	294	
Baume-Cornillane........	512	503	458	451	
Chabeuil...............	4,399	4,355	4,333	3,436	
Chaffal (Le)	187	198	168	147	
Châteaudouble..........	598	570	581	548	
Combovin	762	783	750	686	
Malissard..............	"	"	"	"	
Montelier	1,467	1,444	1,377	1,316	
Montmeyran	2,199	2,184	2,087	2,145	
Montvendre............	1,003	987	945	912	
Peyrus................	850	807	790	665	
Upie..................	1,358	1,332	1,308	1,310	
Grand-Serre	1,706	1,685	1,748	1,549	
Hauterives.............	2,506	2,430	2,542	2,514	
Lapeyrouse-Mornay........	769	800	787	773	
Sens-Lestang...........	1,492	1,454	1,420	1,411	
Montrigaud.............	1,186	1,144	1,115	1,074	
Moras.................	3,947	4,018	3,970	3,808	
Saint-Bonnet-de-Valcler.....	620	583	559	458	
Saint-Christophe-et-le-Paris..	601	594	598	587	
Ambonil	91	92	84	91	
Cliousclat	788	718	701	671	
Liviron................	3,799	4,039	4,058	4,265	
Poriol	3,554	3,524	3,512	3,634	
Mirmande..............	2,660	1,222	1,166	1,147	
Saulce................	"	1,291	1,295	1,314	
Châlon (Le)	332	339	301	301	
Châtillon-Saint-Jean.......	978	979	895	881	

COMMUNES.	POPULATION				OBSERVATIONS.
	EN 1856.	EN 1861.	EN 1866.	EN 1872.	
Clérieux	1,820	1,824	1,870	1,890	
Crépel	784	835	813	789	
Geyssans	538	513	498	524	
Miribel	470	473	472	443	
Montmiral	1,846	1,854	1,845	1,827	
Onay	330	310	303	300	
Parnans	688	680	648	604	
Peyruis	2,970	3,041	3,012	2,892	
Romans	11,219	11,257	11,524	12,674	
Saint-Paul-lès-Romans	1,165	1,129	1,097	1,007	
Triors	431	398	365	357	
Arthemonay	421	404	375	364	
Bathernay	308	293	285	292	
Bren	548	564	544	518	
Charmes	1,175	1,104	980	944	
Chavannes	306	311	301	271	
Margès	502	505	565	530	
Marsas	771	745	743	676	
Montchenu	948	982	1,019	959	
Saint-Donat	2,394	2,512	2,519	2,502	
Bouvante	838	826	835	771	
Échevis	217	221	221	206	
Léoncel	445	424	429	352	
Motte-Faujas	277	296	306	286	
Oriol	629	621	597	599	
Rochechinard	386	368	363	308	
Sainte-Eulalie	318	340	315	298	
Saint-Jean-en-Royans	2,721	2,563	2,742	2,788	
Saint-Laurent-en-Royans	1,132	1,096	1,118	1,098	
Saint-Martin-le-Colonel	276	259	247	255	
Saint-Thomas	298	309	320	320	
Albon	2,537	2,507	2,401	1,615	
Ardancette	"	"	"	636	
Anneyron	3,085	3,152	2,976	2,854	
Beausemblant	892	892	919	939	
Châteauneuf-de-Galaure	1,267	1,323	1,350	1,271	
Claveyson	1,031	1,050	1,031	1,028	
Fay	308	302	300	309	
Laveyron	515	499	486	448	
Motte-de-Galaure	641	612	609	617	
Mureils	357	375	343	402	
Ponsas	457	470	559	565	
Ratières-et-Saint-Avit	810	888	859	370	

10

COMMUNES.	POPULATION				OBSERVATIONS.
	EN 1856.	EN 1861.	EN 1866.	EN 1872.	
Saint-Avit	ʺ	ʺ	ʺ	527	
Saint-Barthélemy-de-Vals	1,386	1,415	1,428	1,455	
Saint-Martin-d'Août	470	473	444	463	
Saint-Rambert-d'Albon	1,079	1,304	1,252	1,210	
Saint-Uzès	970	1,046	1,117	1,329	
Saint-Vallier	3,113	3,142	3,372	3,173	
Beaumont-Monteux	1,024	1,026	983	967	
Chanos-Curson	1,024	968	946	954	
Chantemerle	1,043	1,055	1,008	978	
Croze	410	427	422	389	
Érôme	1,343	1,338	1,308	1,266	
Larnage	731	737	748	767	
Mercurol	1,256	1,230	1,274	1,267	
Pont-de-l'Isère	ʺ	ʺ	627	638	
Roche-de-Glun	2,024	1,949	1,293	1,222	
Serves	675	675	610	611	
Tain	2,726	2,782	2,822	3,100	
Veaunes	341	302	300	290	
Beaumont	1,414	1,468	1,338	1,370	
Bourg-lès-Valence	3,057	3,276	3,615	3,536	
Étoile	3,118	3,107	3,104	3,048	
Fiancey	497	485	448	455	
Montcléger	667	644	610	597	
Saint-Marcel-lès-Valence	1,333	1,305	1,226	1,233	
Vache (La)	360	381	366	322	
Valence	16,875	18,711	20,142	20,668	
ARRONDISSEMENT DE DIE.					
Bezaudun	339	306	280	283	
Bourdeaux	1,353	1,379	1,405	1,262	
Bouvières	694	664	664	608	
Crupies	396	380	352	360	
Félines	271	268	281	268	
Mornans	210	216	226	205	
Poët-Célard	368	381	394	377	
Tonils (Les)	174	178	180	150	
Truinas	335	308	318	324	
Chapelle-en-Vercors (La)	1,228	1,262	1,320	1,279	
Saint-Agnan	1,074	1,022	985	1,028	
Saint-Julien-en-Vercors	515	546	544	518	
Saint-Martin-en-Vercors	1,000	1,066	1,115	1,034	
Vassieux	941	930	850	800	

COMMUNES.	POPULATION				OBSERVATIONS.
	EN 1856.	EN 1861.	EN 1866.	EN 1872.	
Bonneval *	181	170	181	177	
Boulc *	476	449	444	438	
Châtillon *	1,267	1,248	1,235	1,236	
Créyers	215	208	195	201	
Glandage *	640	637	628	623	
Lus-la-Croix-Haute *	1,449	1,556	1,546	1,503	
Menglon *	893	893	877	882	
Ravel	139	121	119	120	
Saint-Roman	240	231	234	231	
Treschenu	825	767	748	723	
Allex	1,704	1,621	1,558	1,621	
Aouste	1,189	1,218	1,265	1,290	
Beaufort-sur-Gervanne	493	530	560	597	
Cobonne	255	256	249	211	
Crest (Nord)	4,747	4,776	4,046	4,837	
Eurre	1,039	1,121	1,037	1,065	
Gigors	578	569	568	552	
Mirab-et-Blacons	495	545	553	593	
Montclar	582	568	572	551	
Montoison	1,318	1,251	1,267	1,157	
Omblèze	421	389	344	379	
Ourches	287	268	256	256	
Plan-de-Bain	451	405	405	412	
Rochette (La)	326	319	323	305	
Suze	446	436	415	402	
Vaunaveys	518	502	501	504	
Auriples	251	253	254	237	
Autichamp	279	278	250	263	
Chabrillan	963	905	907	906	
Crest (Sud)	663	684	705	731	
Divajeu	561	597	552	552	
Francillon	330	350	328	349	
Grâne	1,894	1,978	1,878	1,890	
Piégros	820	868	867	875	
Puy-Saint-Martin	953	935	914	917	
Répara (La)	110	95	102	112	
Roche-sur-Grane	329	312	314	272	
Roynac	752	734	684	702	
Saou	1,011	1,007	945	943	
Soyans	800	777	736	728	
Aix *	297	305	284	259	
Bersac	177	171	176	172	
Chamaloc	295	296	291	279	

COMMUNES.	POPULATION				OBSERVATIONS.
	EN 1856.	EN 1861.	EN 1866.	EN 1872.	
Die	3,912	3,874	3,762	3,876	
Laval-d'Aix*	176	163	172	172	
Marignac*	325	315	299	290	
Molières*	106	118	126	110	
Montmaur*	242	252	233	230	
Ponet-et-Saint-Auban*	223	221	240	235	
Ponteix	409	402	376	375	
Roméyer	412	432	434	401	
Saint-Andéol	228	223	216	206	
Sainte-Croix	287	286	281	285	
Saint-Julien-en-Quint	570	534	509	464	
Vachères	98	99	84	73	
Ancelon	375	341	312	277	
Barnave*	304	307	309	328	
Bâtie-Crémezin*	37	40	46	39	
Bâtie-les-Fonts*	159	149	140	138	
Beaurières	360	396	390	374	
Beaumont*	294	281	258	253	
Charens	185	189	162	148	
Fourcinet*	161	153	150	141	
Jansac	159	156	148	148	
Jonchères*	268	264	232	207	
Lesches	390	391	370	350	
Montlœur	247	260	238	232	
Pennes	109	101	86	81	
Pélhon (Le)	129	120	131	103	
Poyols*	314	296	281	288	
Prés (Les)*	160	163	150	147	
Recoubeau	248	307	251	259	
Luc-en-Diois*	1,026	1,046	1,005	909	
Miscon*	206	199	185	177	
Arnayon	235	233	215	229	
Bellegarde	506	459	434	390	
Brette	210	188	201	195	
Chalançon	468	452	452	410	
Chaudebonne	294	360	355	319	
Establet	199	187	185	182	
Gumiane	196	178	155	136	
Motte-Chalançon	1,047	1,056	1,019	1,001	
Petit-Paris	80	78	77	67	
Pradelle	170	177	170	180	
Rochefourchat	159	149	170	150	
Rottier	183	194	183	170	

COMMUNES.	POPULATION				OBSERVATIONS.
	EN 1856.	EN 1861.	EN 1866.	EN 1872.	
Saint-Dizier	244	237	216	201	
Saint-Nazaire-le-Désert	882	881	893	870	
Valdrôme *	874	852	765	713	
Villeperdrix	489	501	516	504	
Volvent *	316	301	286	288	
Aubenasson	102	104	104	105	
Aurel	721	700	659	655	
Chastel-Arnaud	198	201	212	200	
Chaudière (La)	149	155	124	137	
Cheylard (Le)	106	111	110	120	
Espenel	272	253	295	302	
Eygluy	276	282	265	246	
Rimon-et-Savel	235	244	228	214	
Saillans	1,785	1,745	1,688	1,801	
Saint-Benoît	151	159	167	147	
Saint-Sauveur	179	209	189	192	
Vercheny	419	410	385	388	
Véronne	204	197	191	171	
ARRONDISSEMENT DE MONTÉLIMAR.					
Aleyrac	66	78	89	85	
Béconne	196	190	163	163	
Châteauneuf-de-Mazenc	1,930	1,956	1,883	1,900	
Comps	327	312	300	297	
Dieulefit	4,010	4,205	4,147	4,028	
Eyzahut	216	225	221	234	
Montjoux	506	500	520	559	
Orcinas	116	123	116	106	
Poët-Laval (Le)	1,140	1,147	1,144	1,045	
Pont-de-Barret	757	780	821	740	
Rochebaudin	347	344	351	358	
Roche-Saint-Secret	522	547	546	553	
Sallettes	210	197	200	185	
Souspierre	160	164	198	183	
Teyssères	387	419	425	420	
Vesc	902	961	933	872	
Chamaret	610	620	635	606	
Chantemerle	517	456	458	444	
Coulonzelle	608	626	641	599	
Grignan	1,979	1,934	1,932	1,840	
Montbrison	450	449	454	451	
Monjoyer	506	604	518	555	

COMMUNES.	POPULATION				OBSERVATIONS.
	EN 1856.	EN 1861.	EN 1866.	EN 1872.	
Pègue (Le)	351	360	350	344	
Réauville	573	575	562	582	
Roussas	440	438	423	366	
Rousset	772	757	750	729	
Saint-Pantaléon	403	363	350	345	
Salles	517	538	529	501	
Taulignan	2,247	2,190	2,167	2,271	
Valaurie	581	609	589	607	
Bâtie-Rolland	788	759	754	736	
Boulieu	255	259	290	269	
Charols	444	451	438	468	
éon-d'A ran	773	736	769	735	
Condillac	195	185	180	187	
Lachamp	447	468	490	450	
Laupie (La)	549	520	518	482	
Manas	315	308	307	322	
Marsanne	1,484	1,623	1,605	1,616	
Saint-Gervais	1,053	1,044	1,030	992	
Saint-Marcel-lès-Sauzet	424	430	379	392	
Sauzet	1,505	1,513	1,735	1,685	
Savasse	1,394	1,375	1,481	1,365	
Tourrettes (Les)	310	298	302	253	
Allan	1,073	1,109	1,079	1,083	
Ancône	436	427	383	348	
Châteauneuf-du-Rhône	1,470	1,364	1,293	1,373	
Espeluche	690	661	630	658	
Montboucher	1,051	1,104	906	922	
Montélimar	11,523	12,044	11,100	11,122	
Portes	568	569	567	566	
Puygiron	390	399	425	426	
Rac	665	623	637	562	
Rochefort	334	335	351	323	
Touche (La)	323	372	376	333	
Donzère	1,732	1,748	1,627	1,573	
Garde-Adhémar	1,220	1,175	1,198	1,202	
Granges-Gontardes	603	595	574	506	
Pierrelatte	3,453	3,512	3,539	3,577	
Baume-du-Transit	860	902	882	871	
Bouchet	1,094	1,151	1,152	1,039	
Clansages	478	518	506	516	
Montségur	1,021	989	1,020	965	
Rochegude	1,247	1,242	1,156	1,114	
Saint-Paul-Trois-Châteaux	2,227	2,510	2,558	2,315	

COMMUNES.	POPULATION				OBSERVATIONS.
	EN 1856.	EN 1861.	EN 1866.	EN 1872.	
Saint-Restitut	941	1,012	1,033	983	
Soléricux................	331	313	295	274	
Suze-la-Rousse...........	1,997	2,062	2,139	1,904	
Tulette................	1,836	1,996	2,133	2,212	
ARRONDISSEMENT DE NYONS.					
Beauvoisin..............	150	146	155	142	
Bellecombe.............	305	273	265	265	
Bénivay................	100	112	115	107	
Bésignan...............	195	192	198	190	
Buis (Le)	2,389	2,370	2,413	2,343	
Eygaliers...............	166	172	156	142	
Mérindol...............	378	376	385	371	
Mollans................	1,194	1,186	1,167	1,135	
Ollon.................	59	52	67	62	
Penne (La).............	147	147	142	146	
Pierrelongue............	108	101	159	155	
Plaisians	685	728	718	653	
Poët-en-Percip...........	125	132	146	137	
Propiac................	111	108	112	115	
Rians.................	99	102	85	94	
Roche-sur-le-Buis	644	611	623	592	
Rochebrune.............	371	323	259	240	
Rochette (La)............	304	293	299	311	
Saint-Auban.............	500	506	550	530	
Sainte-Euphémie.........	353	351	318	325	
Saint-Jalle..............	709	686	667	640	
Saint-Sauveur	466	483	467	449	
Vercoiran	485	503	478	479	
Arpavon...............	342	340	320	280	
Aubres................	366	396	334	296	
Châteauneuf-de-Bordette.....	263	256	250	238	
Condorcet..............	639	617	561	528	
Curnier...............	271	267	280	274	
Eyroles................	75	77	61	61	
Mirabel................	2,008	1,912	1,747	1,671	
Montaulieu.............	265	244	258	239	
Nyons	3,033	3,053	3,611	3,623	
Piégon................	464	480	511	456	
Pilles (Les)............	565	558	631	602	
Saint-Ferréol...........	435	397	392	418	
Saint-Maurice...........	658	685	662	613	

COMMUNES.	POPULATION				OBSERVATIONS.
	EN 1856.	EN 1861.	EN 1866.	EN 1872.	
Valouse	107	99	84	87	
Venterol	1,007	1,050	1,039	1,025	
Vinsobres	1,613	1,645	1,611	1,503	
Charce (La)	204	189	180	190	
Chauvac	230	222	220	197	
Cornillac	344	349	354	314	
Cornillon	251	251	258	213	
Fare (La)	46	41	39	47	
Laux-Montaux	77	90	86	86	
Lemps	327	327	320	272	
Montferrand	223	169	172	155	
Montréal	170	178	172	177	
Pélonne	77	69	73	69	
Poet-Ségillat (Le)	339	303	344	306	
Pommerol	147	135	119	113	
Rémuzat	706	725	680	641	
Roussieux	122	107	103	98	
Saulmne	685	659	662	649	
Saint-May	210	196	185	162	
Verclause	416	394	353	357	
Aulan	147	145	131	120	
Ballons	401	417	371	358	
Barret-de-Lcourre	549	428	429	414	
Eygalayes	443	439	444	402	
Ferrassières	411	401	381	320	
Izon	125	135	131	134	
Laborel	527	500	462	436	
Lachau	907	648	709	714	
Mévouillon	751	212	707	734	
Montauban	464	446	457	433	
Montbrun	1,288	1,328	1,360	1,338	
Montfroc	443	407	392	367	
Montguers	251	243	236	217	
Reilhanette	471	470	468	448	
Séderon	691	710	690	635	
Vers	226	218	252	238	
Villebois	125	133	140	142	
Villefranche	96	90	91	76	
TOTAUX	324,740	323,494	325,232	320,417	

Les noms des communes où il y a des périmètres sont marqués d'un astérisque.

TABLEAU

des bestiaux de toute espèce existant, en 1860 et en 1875, dans les communes des départements des Hautes-Alpes et de la Drôme sur les territoires desquelles des périmètres obligatoires de reboisement ont été décrétés d'utilité publique.

NOMS DES COMMUNES.	EXERCICE 1860.				EXERCICE 1875.			
	MOUTONS.	CHÈVRES.	BŒUFS ou vaches.	CHEVAUX ou mulets.	MOUTONS.	CHÈVRES.	BŒUFS ou vaches.	CHEVAUX ou mulets.
DÉPARTEMENT DES HAUTES-ALPES.								
Savines..............	1,800	227	36	265	1,777	225	10	264
Prunières..........	800	123	34	79	605	120	18	78
Saint-Appolinaire....	300	220	40	68	250	50	28	70
Réallon..............	2,060	498	405	379	1,860	315	340	329
Puy-Saint-Eusèbe.....	600	120	20	50	600	100	18	40
Les Orres..........	4,800	360	450	350	4,500	350	350	300
Saint-Sauveur.......	2,400	225	36	264	1,600	160	14	226
Baratier..........	500	60	25	25	900	54	25	30
Embrun.............	2,500	100	83	100	2,500	92	50	61
Puy-Sanières........	1,000	130	16	90	1,100	124	12	90
Les Crottes........	3,700	250	170	240	3,500	200	150	200
Réotier............	1,100	160	200	27	1,200	230	238	30
Saint-Crépin........	1,560	230	253	6	1,849	200	228	5
Eygliers............	1,947	225	229	76	853	157	90	74
Vars..............	3,200	145	650	130	2,850	139	600	125
Risoul............	2,590	160	156	95	2,343	134	161	102
Guillestre..........	3,200	160	210	50	3,000	100	180	30
Châteauroux.......	7,500	441	173	490	6,780	502	231	490
Saint-Clément......	1,400	40	150	90	811	49	167	101
Abriès.............	3,401	10	950	96	2,449	86	774	94
Freyssinières........	2,200	180	320	20	2,400	170	280	40
Champcella........	1,100	206	210	82	1,200	200	190	80
Briançon..........	311	//	40	124	284	//	30	85
Val des-Prés........	2,076	//	70	128	1,928	//	80	136
Névache...........	5,079	56	130	285	5,093	28	125	275
Puy-Saint-André.....	1,583	53	80	218	1,498	28	100	280
St-Martin-de-Queyrières	1,806	150	130	354	2,092	156	135	365
Rousset............	250	38	35	70	150	38	21	80
Espinasses	180	25	80	65	100	25	92	90
Théus.............	250	60	90	60	200	50	95	60
Rémollon..........	100	120	//	65	60	100	1	70
Rochebrune........	280	30	//	40	240	20	//	41
Montmaur..........	1,890	200	//	70	1,550	150	5	75
Molines............	1,000	300	20	20	600	210	20	20
La Motte..........	1,000	200	40	20	600	80	40	20
La Fare............	800	50	40	20	500	20	40	20
Saint-Julien	800	20	100	70	300	20	90	70
A reporter....	67,063	5,572	5,671	4,681	60,122	4,682	5,028	4,646

NOMS DES COMMUNES.	EXERCICE 1860.				EXERCICE 1875.			
	MOUTONS.	CHÈVRES.	BŒUFS ou vaches.	CHEVAUX ou mulets.	MOUTONS.	CHÈVRES.	BŒUFS ou vaches.	CHEVAUX ou mulets.
Report.	67,063	5,572	5,671	4,681	60,122	4,682	5,028	4,646
St-Michel-de-Chaillol. .	1,500	100	140	50	1,080	60	130	50
Le Noyer.	2,000	100	30	15	1,900	50	30	15
St-Jean-St-Nicolas. . . .	1,500	150	110	40	1,200	100	110	40
Champoléon.	8,000	800	1,000	110	5,000	200	900	110
Orcières.	8,000	400	1,000	200	6,700	290	900	200
Saint-Léger.	800	80	40	30	740	50	40	30
Ancelles.	5.680	400	900	150	4,370	200	800	150
La Bâtie-Neuve.	2,960	50	50	80	980	30	50	80
Totaux	97,503	7,652	8,941	5,356	82,092	5,662	7,988	5,321

DÉPARTEMENT DE LA DRÔME.

NOMS DES COMMUNES.	EXERCICE 1860.				EXERCICE 1875.			
	MOUTONS.	CHÈVRES.	BŒUFS ou vaches.	CHEVAUX ou mulets.	MOUTONS.	CHÈVRES.	BŒUFS ou vaches.	CHEVAUX ou mulets.
Aix.	1.385	110	1	60	1,496	61	1	88
Barnave.	665	15	»	39	670	15	»	39
La Bâtie-Crémezin . . .	462	25	»	»	397	22	»	»
La Bâtie-des-Fonts . . .	1,055	62	»	»	1,022	54	»	»
Beaumont.	1,050	95	»	»	750	45	»	»
Bonneval.	1,400	70	»	»	1,350	70	»	»
Boulc.	1,782	300	»	»	1,876	95	»	»
Châtillon.	1,380	30	»	»	1,344	20	»	»
Fourcinet.	1,095	64	»	»	990	63	»	»
Glandage	3,770	350	»	»	3,771	338	30	10
Jouchères.	1,200	100	»	64	1,200	100	»	64
Laval-d'Aix.	600	90	»	27	610	40	»	28
Luc.	1,791	101	»	»	1,618	103	»	»
Lus-la-Croix-Haute. . .	13,000	88	»	»	12,000	70	100	30
Marignac.	1,009	110	1	60	120	47	2	60
Menglon	1,008	120	»	»	1,732	114	»	»
Miscon	400	60	»	»	350	50	»	»
Molières.	180	30	»	8	»	20	»	5
Montmaur.	900	100	»	65	1,100	100	»	65
Poyols.	790	48	»	»	788	27	»	»
Les Prés.	1,375	51	»	»	994	38	»	»
Treschenu	3,739	397	»	»	3,853	150	»	»
Valdròme.	4,520	142	»	»	4,170	144	»	»
Totaux	44,956	2,608	2	293	42,201	1,786	133	389

DÉPARTEMENT DE LA DRÔME

www.ingramcontent.com/pod-product-compliance
Lightning Source LLC
Chambersburg PA
CBHW061247060726
47596CB00002B/472